知识生产的原创基地
BASE FOR ORIGINAL CREATIVE CONTENT

颉腾商业
JIE TENG BUSINESS

The 14th Five-Year Plan and the Dual Circulation

17 Top Economists Decode
the New Development Pattern

十四五
与双循环

17位一线经济学家
深度解读新发展格局

经济学家圈　编著

中国广播影视出版社

图书在版编目（CIP）数据

十四五与双循环：17位一线经济学家深度解读新发展格局 / 经济学家圈编著. -- 北京：中国广播影视出版社, 2021.1（2021.1重印）

ISBN 978-7-5043-8521-5

Ⅰ. ①十… Ⅱ. ①经… Ⅲ. ①中国经济—经济发展—研究 Ⅳ. ①F124

中国版本图书馆CIP数据核字(2020)第207378号

十四五与双循环：17位一线经济学家深度解读新发展格局
经济学家圈　编著

责任编辑	任逸超　王波　马腾
责任校对	龚晨

出版发行	中国广播影视出版社
电　　话	010-86093580　010-86093583
社　　址	北京市西城区真武庙二条9号
邮　　编	100045
网　　址	www.crtp.com.cn
电子信箱	crtp8@sina.com
经　　销	全国各地新华书店
印　　刷	文畅阁印刷有限公司
开　　本	710毫米×1000毫米　1/16
字　　数	191（千）字
印　　张	18.5
版　　次	2021年1月第1版　2021年1月第4次印刷
书　　号	ISBN 978-7-5043-8521-5
定　　价	69.00元

（版权所有　翻印必究·印装有误　负责调换）

受访专家简介
About the
Interviewed Economists

管涛
中银证券全球首席经济学家，国家外汇管理局国际收支司原司长，外汇市场和跨境资本流动领域的权威专家，长期从事货币可兑换、国际收支、汇率政策、国际资本流动等问题的研究，参与了1994年以来中国外汇体制改革的重大方案设计。

贺铿
第十一届全国人大财经委副主任委员，国家统计局原副局长。

黄益平
北京大学国家发展研究院副院长，北京大学数字金融研究中心主任。曾任中国人民银行货币政策委员会委员，花旗集团董事总经理/亚太区首席经济学家。

李稻葵
第十三届全国政协委员会常务委员、清华大学中国与世界经济研究中心（CCWE）主任，清华大学中国经济思想与实践研究院院长。曾任中国人民银行货币政策委员会委员。

刘国恩
教育部"长江学者"特聘教授，北京大学国家发展研究院学术委员会主任，国务院医改专家咨询委员会委员，全国新冠肺炎专家组成员。

陆铭
上海交通大学安泰经济与管理学院特聘教授。参加了2020年8月习近平总书记主持召开的经济社会领域专家座谈会，就"十四五"规划编制等提出意见和建议，并做现场发言。

刘世锦
全国政协经济委员会副主任、国务院发展研究中心原副主任。

刘守英
中国人民大学经济学院党委书记兼院长，教授、博士生导师。中央政治局第十七届中央委员会第31次集体学习土地问题讲解人，国务院政府特殊津贴专家。研究领域为土地制度与经济发展、制造业转型升级等。

李扬
中国社会科学院学部委员，国家金融与发展实验室理事长。曾任中国社会科学院副院长，中国人民银行货币政策委员会委员。

刘元春
中国人民大学副校长。参加了2020年8月习近平总书记主持召开的经济社会领域专家座谈会，就"十四五"规划编制等提交书面发言。

滕泰
著名经济学家，万博兄弟资产管理公司董事长，万博新经济研究院院长。曾担任银河证券研究所所长、民生证券副总裁兼首席经济学家等职务。

田轩

清华大学五道口金融学院副院长、金融学讲席教授、教育部"长江学者"特聘教授、国家杰出青年基金获得者、北京市卓越青年科学家获得者、博士生导师。兼任深交所创业板第一届上市委员会委员,曾兼任证监会第六届上市公司并购重组审核委员会委员。

魏建国

中国国际经济交流中心副理事长、商务部原副部长。

夏斌

国务院参事,国务院发展研究中心金融研究所名誉所长。曾任国务院发展研究中心金融研究所所长、中国人民银行货币政策委员会委员、中国人民银行非银行金融机构监管司司长,深圳证券交易所首任总经理。

徐洪才

中国政策科学研究会常务理事、中国政策科学研究会经济政策委员会副主任,中国光大银行股份有限公司独立董事,中央电视台特约经济评论员。

姚洋

北京大学国家发展研究院院长。参加了2020年8月习近平总书记主持召开的经济社会领域专家座谈会,就"十四五"规划编制等提交书面发言。

张军

复旦大学经济学院院长。教育部高等学校经济学学科教学指导委员会副主任。

注:排名不分顺序,按字母排序。

序 | Introduction

刚刚结束的党的十九届五中全会审议通过了《中共中央关于制定国民经济和社会发展第十四个五年规划和二〇三五年远景目标的建议》，站在"两个一百年"奋斗目标的历史交汇点上，描绘了到二〇三五年基本实现社会主义现代化的宏伟蓝图，对"十四五"时期经济社会发展重点任务作出全面部署，吹响了向第二个百年奋斗目标进军的号角。

正如大家所期待的，《建议》在对"十四五"时期经济社会发展指导思想的阐述中，明确提出"加快构建以国内大循环为主体、国内国际双循环相互促进的新发展格局"，并在重点任务中专辟"形成强大国内市场，构建新发展格局"一节，分别提出了"畅通国内大循环""促进国内国际双循环"的思路和措施，进一步指明了"十四五"时期构建"双循环"新发展格局的方向和目标。

今年以来，习近平总书记在多个场合反复强调推动形成以国内大循环为主体、国内国际双循环相互促进的新发展格局，引起了国际社会和国内各方面的高度关注。如何落实好总书记讲话精神，尤其是在"十四五"时期如何打造"双循环"新发展格局，是经济学界普遍关注的问题。五中全会召开前，经济学家圈组织国内一线经济学家，围绕"双循环"这个主题，着眼"十四五"时期经济社会发展，对"双循环"新发展格局形成的背景、面临的挑战，以及在金融、资本市场、房地产、汇率、医疗卫生改革、税收、技术突破等领域的重点问题等，从不同角度进行了深入讨论，提出了独到的见解和建议。这些内容成书之际，五中全会已经胜利闭幕。希望本书能帮助各位读者更好地理解"双循环"，为推动实现"十四五"规划和二〇三五年目标提供有益参考。

经济学家圈

前言 Preface

2020年以来，习总书记多次强调要"逐步形成以国内大循环为主体、国内国际双循环相互促进的新发展格局"。①构建基于"双循环"的新发展格局，是党中央在国内外环境发生显著变化的大背景下，推动我国开放型经济向更高层次发展的重大战略部署。

"以国内大循环为主体、国内国际双循环相互促进的新发展格局"，是根据我国发展阶段、环境、条件变化提出来的，是重塑我国国际合作和竞争新优势的战略抉择。近年来，随着外部环境和我国发展所具有的要素禀赋的变化，市场和资源两头在外的国际大循环动能明显减弱，而我国内需潜力不断释放，国内大循环活力日益强劲，客观上有着此消彼长的态势。

同时，我们将迎来"十四五"（2021—2025）发展时期。"十四五"时期是我国全面建成小康社会、实现第一个百年奋斗目标之后，乘势而上开启全面建设社会主义现代化国家新征程，向第二个百年奋斗目标进军的第一个5年，我国将进入新的发展阶段。同之前相比，目前国际形势发生了巨大的变化，保护主义、单边主义上升，世界经济低迷，我们将面对更多逆风逆水的外部环境。

如何理解"国内大循环"和"双循环"？"双循环"需要改革的关键点是

---

① http://www.xinhuanet.com/politics/leaders/2020-08-24/c_1126407772.htm

什么？"双循环"的投资机会在哪里？"十四五"时期的发展环境如何？以什么思路发展？有哪些任务和举措？如何开顶风船，善于转危为机，努力实现更高质量的发展？这些都是市场高度关注的话题。

经济学家圈作为权威的财经思想智库，第一时间对"双循环与十四五"的相关内容进行了深度解读，针对"双循环"提出的背景、"十四五"需要解决的问题、新形势下的国际贸易形势，以及经济走势、货币政策、财政政策、金融发展、汇率改革、医疗改革、刺激消费政策、资本市场改革、房地产市场展望、数字货币和企业应对、投资机会等方面，进行了深入的探讨。

带着这些问题，我们同国内17位顶级经济学家进行了深入的交流。他们包括参加过经济社会领域专家座谈会的学者——全国政协经济委员会副主任、中国人民银行货币政策委员会委员、国务院发展研究中心原副主任刘世锦，中国社科院学部委员、国家金融与发展实验室理事长李扬，北京大学国家发展研究院院长姚洋、中国人民大学副校长刘元春、上海交通大学安泰经济学院特聘教授陆铭；政策制定者——商务部原副部长魏建国、国务院参事夏斌、十一届全国人大财经委副主任贺铿；主流院校经济学家——清华大学中国经济思想与实践研究院院长李稻葵、复旦大学经济学院院长张军、北京大学国家发展研究院副院长黄益平、北京大学国家发展研究院长江学者特别教授学术委员会主任刘国恩、中国人民大学经济学院党委书记院长刘守英、清华大学五道口金融学院副院长田轩；独立经济学家——国家外汇管理局国际收支司原司长管涛、中国政策科学研究会常务理事徐洪才、万博新经济研究院院长滕泰等。这些学者为我们提供了最新、多元的观察视角，以及对形势的展望判断和政策建议。我们将各位学者的真知灼见按不同主题汇集成文，编写了本书。

对于当前的经济形势，以及新发展格局，可以继续深化研究，并提出真知灼见。来自不同领域的17位国内的顶级学者从不同角度的解读，则显得更加珍贵。本书除了在时间上的优势外，还有三个方面的特点：

首先是历史视角的观察。17位经济学家并没有单纯地从当下论述当下，而是从历史的视角对"双循环"和"十四五"进行解读，通过对改革开放40余年来的要素禀赋变化、模式发展、制度变革等的深刻剖析，解答了当下进行"双循环"的必要性、"十四五"在经济发展历史中的定位等问题。

其次是多元视角的解读。17位经济学家来自宏观、政策、产业、微观等多个领域，他们从本领域视角出发，对"双循环"和"十四五"进行针对性的分析，有细节，有故事，有结论。

再次是求真务实的建议。17位经济学家有的放矢，提出的政策建议逻辑清晰，并有充分的数据支撑，涉及很多重大事项的改革，令人获益匪浅。

本书通俗易懂，将理论和现实相结合，适合学者、研究人员、投资者、企业家阅读，也适合关心经济形势走向的读者阅读，有利于帮助大家看清未来，把握机会，提升价值。

经济学家圈

Contents | 目录

引言 / 001

01 | 主题一
解读"双循环" / 017

02 | 主题二
实现大循环的难点突破 / 053

03 | 主题三
如何应对目前的国际形势 / 083

04 | 主题四
企业该如何面对新环境的挑战 / 109

05 | 主题五
对中国企业的其他建议 / 117

06 | 主题六
关于SWIFT的探讨 / 121

07 | 主题七
新格局中金融业的调整 / 131

08 | 主题八
探讨金融开放 / 139

09 | 主题九
人民币国际化与汇率 / 145

10 | 主题十
资本市场观察 / 149

11 | 主题十一
"十四五"期间的关键突破 / 153

12 | 主题十二
关注劳动人口减少 / 177

13 | 主题十三
新趋势下的城镇化 / 181

14 | 主题十四
关于区域规划的思考 / 185

15 | 主题十五
房地产观察 / 191

16 | 主题十六
医疗改革观察 / 197

17 | 主题十七
互联网、人工智能对经济学规律的影响 / 203

18 | 主题十八
对国内经济学研究及青年经济学家的建议 / 221

19 | 主题十九
中国经济走势观察 / 251

20 | 主题二十
国际合作与地方经济振兴 / 269

21 | 主题二十一
讨论：从国际经济到国内消费 / 277

引言
Foreword

刘世锦

以结构性潜能推动国内经济大循环

开放的、内需为主的国内国际双循环

最近，中央提出"加快形成以国内大循环为主体，国内国际双循环相互促进的新发展格局"。这一战略部署，既与国际经济环境变化有关，更重要的是我国经济发展新阶段的内在要求。

强调以国内大循环为主体，第一，是因为不论国内循环还是国际循环，出发点和归宿点都在国内，都以内需为基础，都是为了提高全体人民的收入水平，满足他们日益增长的美好生活需要。

第二，从国际上看，大国一般都以内需为主，即使对外开放度高，对外贸易比重也相对较低。规模较小的经济体，尤其是高开放度的小经济体，如一些城市型经济体，经济外循环的比重要高出许多。

第三，我国作为世界上人口最多的超大型经济体，尤其是拥有超大型国内统一市场，与其他大国相比，更有必要和可能形成以内需为主的经济大循环。

第四,我国经济已进入以服务业比重提升并逐步处于主体地位的增长阶段,尽管数字经济等的发展提高了服务业的可贸易性,但总体上看,服务业仍然大多是本地化的、不可贸易的,这样必然提升内需在整体经济活动的比重。

总之,以国内大循环为主体,有现实需要,也符合发展规律。实际上,我国一直是以往内循环为主的,"由外循环转到内循环"的说法是不符合事实的。

为什么这个时候要强调内循环为主?

一是新冠疫情冲击下,全球经济深度衰退,外需萎缩,外部供给能力也在下降;

二是贸易保护主义、单边主义加剧,部分外需市场收缩;

三是在全球化遭遇逆流、国际上单边主义和保护主义猖獗、出现"卡脖子""断供"压力的背景下,部分大中型经济体可能被迫实施某种产业备胎战略。

现在的大循环至少有两个要点:第一要提高内需比重,第二要提高关键技术、重要产业链的可替代性和抗冲击的韧性。

所以,当前的内循环将会有与以往不同特点。在目前复杂形势下,也要避免一些误解。

提出国内大循环为主体,并不意味着对外开放的后退,更不是关起门来自给自足。我们有着对外开放和闭关锁国正反两方面的经历,其中的道理应该是很清楚了。

不是什么产业都要自己搞,都搞成世界第一,都不进口了,实际上是不可能的,还是要讲比较优势和竞争优势。

实施产业备胎战略，由于我国具有规模经济突出、产业配套条件较好等有利条件，在国内国际经济循环中将会表现出更强的韧性和调整能力。有些就是备胎，防止"卡脖子"，有些可能转为正胎，有利于打破国际上某些技术垄断，提升我国的技术和产业竞争优势。

单边主义、逆全球化难以成为长期态势，并不代表发展规律，这个时候更需要对全球化的信心。不是比脱钩，而是要比谁更开放，这样才能站到历史正确的一边。

我们需要更高水平的对外开放，这种开放应当是：

适应不同国家、地区市场变化的开放；

适应开放程度周期性变化的开放；

更有韧性和弹性、更具有抗冲击性的开放；

基于制度规则的开放；

能够维护和引领全球化长期发展的开放。

推动这样的开放，国内大循环才能富有成效。反过来说，国内大循环搞好了，将有利于参与国际循环，提升我们的国际竞争力。简单地说，我们所要的"双循环"，是"开放型的国内循环"和"内需为主型的国际循环"，或者说是"开放的、内需为主的国内国际双循环"。

"1+3+2"的结构性潜能应在国内大循环中担当主角

如果把疫情冲击下的经济增长分为上半场和下半场，上半场以宏观救助、恢复增长为主，在经济逐步转到正常轨道之后，下半场要重点转向落实中央战略部署，加快形成开放型国内大循环为主体的新格局。在这个过程中，"结构性潜能"应担当主角。

所谓结构性潜能，是指中国作为一个后发经济体，在技术进步、产业结构和消费结构升级、城市化进程等方面的发展潜能。具体表现在两个方面：一是追赶或跟跑的潜能。目前中国人均收入约1万美元，发达经济体多在4万美元以上，美国是6万多美元，这中间至少有3万美元的差距。发达经济体已经做了，中国也应做、但尚未做的事情，就是中国的增长潜能所在。二是新涌现的潜能，即与发达经济体同步、有可能并跑甚至领跑的潜能，主要是数字经济和绿色发展。

结构性潜能的内容很多且相互关联。在此，我想提出一个以都市圈、城市群建设为龙头，以产业结构和消费结构转型升级为主体，以数字经济和绿色发展为两翼的"1+3+2"结构性潜能框架。

"1"指以都市圈、城市群的发展为龙头，为下一步中国的中速、高质量发展打开空间。由于都市圈、城市群能产生更高的集聚效应和更高的要素生产率，所以今后10年，中国70%—80%的经济增长潜能都将来自于这一范围。目前人口流动已经反映出这样的规律。

"3"指实体经济方面，现阶段我国经济循环过程中的3大短板：基础产业效率不高、中等收入群体规模不大、基础研发能力不强。第一，基础产业仍存在不同程度的垄断，下一步要开放竞争、提升效率。开放竞争不仅可以促进投资，更可以降低全社会生产、生活的基础性成本；第二，消费结构和产业结构要转型升级。在消费升级方面，低收入阶层的消费重点是增加商品消费，中高阶层的消费重点是扩大服务消费。在产业升级方面，要通过优胜劣汰、重组创新，提升中国在价值链中的位置、提高要素生产率；第三，高端领域要加强基础研发、源头创新的能力建设，为长期创新打下牢固基础。补上这三大短板，将是实现高质量发展的新的三大攻坚战。过了这一关，中国才可能跨越中等收入陷阱。

"2"指以数字经济和绿色发展为两翼。数字经济和绿色发展是横向的、对全社会各领域都会发生影响的要素。比如街头卖水果都普遍使用微信支付，这种"地摊数字经济"实际上就体现了数字化对经济的系统化改造。绿色发展也是非常重要的一个领域，它会形成新的增长动能。

最近欧盟，特别德国和法国，提出经济复苏过程中的"两个支柱"——数字技术和绿色发展。所以，"两翼"是全球范围的新潜能。我国有先进的理念、超大规模的市场条件，完全有机会在这"两翼"形成新的竞争优势。数字经济和绿色发展不仅为追赶进程提供支撑，也可为全球范围内发展方式的转型提供引领。

简单地说，"1+3+2"结构性潜能就是一个龙头引领、补足三大短板、两翼赋能。

发挥结构性潜能应进一步深化改革

国内大循环，要能循环起来，循环得有成效，关键是要"通"。不通则痛，要找准痛点。现实循环中的痛点主要是要素市场发展滞后。释放"1+3+2"的结构性潜能，重点是深化以打通要素市场为主的改革。落实"要素市场化配置"和"完善社会主义市场经济体制"两个文件的精神，推出一些提振市场信心和预期的重大改革开放措施。

针对"一个龙头"要强调两大改革。第一，要深化农村土地制度改革，推进集体建设用地入市，创造条件让宅基地有序流转。第二，要推动空间规划和公共资源配置改革。空间规划（包括城市规划）要坚持市场在资源配置中的决定性作用，尊重人口流动的市场信号。

最近几年人口流入最多的城市是杭州和深圳，背后反映出市场的力量。城市化要坚持"以人为中心"，按人口流向分配用地指标、财政补贴资金等，并依照人口布局变化定期调整城市规划。

补齐"新三大短板"应推出针对性的措施。石油天然气、电力、铁路、通信、金融等在内的基础产业领域，在放宽准入、促进竞争上，要有一些标志性的大动作，比如，石油天然气行业，上中下游全链条放宽准入，放开进口；通信行业，允许设立一两家由民营资本或包括国有资本在内的行业外资本投资的基础电信运营商。这样的改革既可以带动有效投资，更重要的是降低实体经济和全社会生产生活的基础性成本。

改进和完善社会政策，加强公共产品供给体系的改革和建设，在"保基本"基础上，重点转向人力资本"提素质"。把中等收入群体倍增作为全面建成小康社会后的另一个重要战略。中国虽然有超大规模的市场，但消费能力从哪来？

我们应该特别强调把消费能力转化成生产和创新能力。近几年数字经济的发展，首先是基于中国庞大的消费市场形成商业模式，利用收入的增长推动生产能力和创新能力的提升。中国不仅应成为世界上最大的消费市场，更应成为产业链条效率最高、应变能力最强、最具生产力的生产基地和创新大国。把消费能力转化为生产和创新能力，是中国超大规模市场的基本着眼点，也是"国内大循环"的一个基本含义。

在创新居于前列、科教资源丰厚的若干城市，如杭州、深圳和内地一些城市，像当年办经济特区一样，创办高水平大学教育和研发特区，突破现有体制机制政策的不合理约束，在招生、人员聘用、项目管理、资金筹措、知识产权、国籍身份等方面实行特殊体制和政策。西湖大学开了头，应该支持鼓励更多的类似大学和研究机构脱颖而出，营造有利于自由探索、催生重大科学发现的机制和文化，吸引全球一流人才，产生诺贝尔奖级的成果，形成一批有中国特色、与国际一流水准接轨的新型大学教育和研发机构。

对外开放应谋划一些更具想象力和前瞻性的重大举措。在国际上反对单边主义、保护主义，在国内要防止狭隘民族主义和民粹主义，面对"卡脖子"、脱钩的压力，要利用好我国超大规模市场的优势，以更大力度、更聪明的方法推动开放，对国际上的某些势力形成有效制衡。在必要的时候，可以打出"三个零"（零关税、零壁垒、零补贴）这张牌，实际推进难度很大，但要站上制高点，争取国际博弈的主动权。我国的贸易优势与关税保护没有多大关系，要在全球化的理念和规则制定上走到前面，至少争取道义上的支持，在博弈中处于有利位置，对全球开放发展起到引领带动作用。

李扬

"双循环"新发展格局,金融业要做哪些?

在更深层意义上,发展格局转向以国内大循环为主的"双循环",是中国真正成为世界经济强国的内在要求。当今世界,大国经济的对外依存度都不高。2019年,日本的对外依存度为28%、美国为19.7%,均低于中国的35.72%。当年德国的对外依存度高达70.8%,是因为德国身处一体化程度极高的欧盟之中,不具有可比性。

但是新发展格局绝不是封闭的国内循环,而是开放的国内国际双循环。我国在世界经济中的地位将持续上升,同世界经济的联系会更加紧密,为其他国家提供的市场机会将更加广阔,成为吸引国际商品和要素资源的巨大引力场。而金融要素的聚集和配置就是其中的重要一环。

用金融的眼光看,发展格局的转型实际上是资源配置格局的转型,也就是说,发展格局的变化,其最重要的内容就是对资源进行重新配置。在今后的战略安排中,我们可能会更多地利用国内的资源。这不是说不用国际资源,而是因为可能客观存在各种各样的障碍,使得我们不得已而为之。

金融是资源配置和宏观调控的重要工具，资源配置就需要有流动。在传统体制下，资源配置的机制是"钱跟物走"，在市场经济下，配置机制变为"物跟钱走"。这就是"金融是现代经济的血液"的含义。血脉通，增长才顺畅。因此，构建新发展格局，凸显了金融机制的极端重要性。

构建新发展格局，要深化对金融本质和规律的认识，为实体经济发展创造良好金融环境，疏通金融进入实体经济的渠道。

资源配置需要有准确灵敏的信号。金融配置先导于实体配置，这个过程需要有"信号"来引导。党的十八届三中全会决议早已指出，市场经济条件下，引导资源配置的主要信号是"三率"，因此，我们要"完善人民币汇率市场化形成机制，加快推进利率市场化，健全反映市场供求关系的国债收益率曲线"。

汇率决定的是资源和市场在国内外配置的比较优势，关乎"双循环"格局的形成和发展。经过多年努力，我国汇率市场化改革已经取得了非常大的进展。当下汇率的波动基本反映了资源在国内和国外之间配置的比较优势，今后还要继续坚持市场化方向，进一步使之完善。

利率的水平及结构，决定了在国内哪些地区、哪些部门、哪些机构应当优先使用资金。随着这几年金融改革深入推进，我国利率市场化也取得较大进展。2019年，人民银行宣布改革完善贷款市场报价利率（LPR）形成机制，对贷款优惠利率的决定机制进行了改革。这些都是为了让资金的使用者和资金的提供者获得更加准确的信号，明确资金配置的方向。目前，中国的利率市场化改革还在进行中。现在比较突出的问题是基准利率的形成机制还不够完善，有效的利率体系尚待形成。

此外,国债收益率曲线涉及的是所有金融产品的定价问题。国债收益率曲线描述的是某一时点上一组上市交易的国债收益率和它们所余期限之间的相互关系,构成了全部金融产品的定价基础。目前,我国已经形成银行间国债收益率曲线和交易所国债收益率曲线。但是,国债的发行数量和种类还不够充足,交易所市场和银行间市场仍然分割,市场的流动性不强,使得我国尚未形成有效的国债收益率曲线。健全国债收益率曲线,是我国深化金融改革的又一重要任务,其中的关键,是金融部门和财政部门精诚合作,密切配合。

进一步推进"三率"的市场化改革,是金融适配新发展格局的内在要求。金融改革涉及领域很多,我仅就其中最重要者进行讨论。众所周知,资源配置体现在金融上,就是资金流动。资金流动的载体有三:一是机构,二是市场,三是产品。

改革开放以来,中国的金融机构发展迅速。按资产总量计算,2008年,我国资产总额82万亿元,相当于美国的五分之一;到了2019年,已达387万亿元,接近于美国的60%。这是一个极大的成就。然而,中国金融机构体系中,商业银行的比重太高,对应的问题便是银行间接融资比重过高,这是一个大问题,这种状况需要改变。商业银行是一个风险厌恶型金融机构,但在资源配置格局剧烈变动过程中,风险处处存在。从适配角度考量,需要发展一些金融机构,能够去认识风险、接受风险,在经营风险中创造利润,从而实现资源优化配置。从技术角度来说,能够从事风险投资活动的机构主要是非银行金融机构,基金、证券、VC、PE、租赁、信托等。但我国此类机构占比很低,规模不及美国的30%。这意味着，我国目前的金融机构体系，对于支持有一定风险的资源配置格局的重新调整，动力不够。

中国金融机构体系的另一类问题是保险和养老金发展不足，规模仅为美国的10%。此类机构发展不足，就难以应对人口老龄化提出的严峻挑战。另外，这两类机构，连同非银行金融机构，都是资本市场的机构投资者，如果发展得不充分，我国资本市场由散户主导的不利局面很难克服。

再说市场，尤其是资本市场。资源配置转型，要向更加有效，更加具有创新性，更加绿色等方向发展，引导这个发展方向的，不是商业银行，而是资本市场。我们需要通过资本市场，通过千万人的投资交易活动去对发展方向进行甄别。因此，当下资本市场的发展比以往任何时候都重要。通过对中美金融体系的比较研究发现，我国资本市场中，传统企业多、工业企业多、中等企业多，而美国是创新型企业多、高新科技企业多、大型企业多。试想，如果我们的资本市场不支持那些生产芯片、刻录机、无人机、航空发动机等尖端技术的公司，这个市场的效率何在？形成目前这种状况的原因很多，其中之一，就与上市的审批制有关。大家知道，审批制偏好重资产，关注企业的历史表现，看重企业过去的盈利状况。这样的评审架构，当然会大规模选择传统产业。高新科技企业则不同，它们一开始大多是轻资产的，其利润大都不高，甚至索性没有利润，而且在此类企业的投入中，知识产权占比较高，审批制也不大认可这类资产。显然，实行审批制，大量的高新科技企业就较难进入市场，我国资本市场便显示出"向后看"的倾向，可以说，长期以来，我国股市都不是国民经济的"晴雨表"，重要原因就在这里。

可喜的是，这种扭曲的局面正在改善。近年来，我国注册制改革成效初显。科创板作为增量改革试点，率先实行注册制，已经总结了一些可复制、可推广的经验，并在创业板的"存量+增量"注册制改革中初露头角，很快主板也会跟上。近年来，我国资本市场包容度显著提升，企业上市周期大幅缩短，可预期性明显增强，市场各方评价总体较为积极。

最后看产品。金融改革要进一步深化，丰富产品就是必要的一环。要按照党的十九大报告精神，"以市场需求为导向，积极开发个性化、差异化、定制化金融产品，增加中小金融机构数量和业务比重，改进小微企业和'三农'金融服务。"简言之，由于发展格局转型可能面对各种各样的复杂需求，创造多样化的产品来满足这些需求，便是题中应有之义。

总之，抓住机构、市场和产品这三个关键环节下功夫，"双循环"的金融基础就夯实了。

现在全球央行都在"放水"，因此，在很多国家，防范风险都被置于政策优先顺序的末端。但是，我国始终把管理风险的"弦"绷得很紧。虽然说面对"百年未有之大变局"，而且我国经济新常态已经延续了很长时间，但是依然保持着战略定力，保持着正常的货币政策框架，保持着足够的警惕，防止风险过度积累。目前国内外形势都比较严峻，不允许我们在政策上犯错误，宏观调控尤其需要瞻前顾后，下好先手棋。应当说，我国的货币政策基本做到了这一点。

当然，我国金融业的市场结构、经营理念、创新能力、服务水平还不适应经济高质量发展的要求，诸多矛盾和问题仍然突出。我们要抓住完善金融服务、防范金融风险这两个支点,推动金融业高质量发展。

此外,我还想强调两个重点:一是利用现代科技全面改造金融体系,即大力发展金融科技;二是花大力气,全面完善我国的金融基础设施。

新发展格局的构建,是从两头在外、两种资源、两个市场转换到以国内循环为主体,国内国际"双循环"。要让这个转换有效率,一方面要支持高新科技全面产业化,一方面金融业自身也要用高新科技来武装自己、改造自己。可以说,在金融科技发展方面,我国已经走在了世界前列。比如,金融科技运用到银行贷款领域,已经在相当程度上破解了小微企业贷款难的困局。但是,仔细把我们的情况同其他发达经济体相比较就能发现,在这个关乎我们金融业未来战略竞争能力的领域,很多方面还存在明显的短板。我们比较了中、美、英几国的金融科技发展状况,总结了促进金融科技发展存在的三大动力,即市场拉动、技术驱动和制度保障。研究发现,美国几乎是所有的新金融科技的发源地,英国则是运用金融科技的制度保障最完善的国家,而中国则是明显的市场拉动,主要是金融科技应用的地方。有了这个比较,我们就很清楚:如果我们不能在金融科技的技术开发上奋起直追,不能在诸如数据安全、投资者保护、信息安全、隐私权保护、国家金融安全保护等关键环节上形成有效的制度体系,我们的金融科技发展迟早会遇到技术瓶颈和制度瓶颈,这样一来,我们的市场优势也会丧失。所以说,用金融科技手段,全面转换并改造金融和实体经济,这一点尤为重要。

需要强调的又一重点,是金融基础设施的完善问题。过去大家对金融基础设施的理解有偏差,只关注有形的,忽略了无形的。我们在进行中美金融实力比较研究时发现，广义的金融基础设施是指金融运行的硬件设施和制度安排，主要包括支付体系、法律环境、公司治理、会计准则、信用环境、反洗钱，以及由金融监管、信息服务、中央银行最后贷款人职能、投资者保护制度组成的金融安全网等。金融基础设施在金融体系和更广泛的经济活动中，发挥着至关重要的作用，是保证金融效率和金融稳定的基础。对比来看，我们在这方面的差距更大。所以，下一步我们要奋起直追，完善金融基础设施。要下决心完善全球经济金融治理，提高世界经济抗风险能力，提升国际货币体系稳定性和韧性，不可少的一环就是人民币国际化，而反过来，人民币国际化又需要完善的金融基础设施去推动，去巩固。

01

主题一

解读
"双循环"

Decode the
Dual Circulation

管涛

中央提出来的加快构建以国内大循环为主体、国内国际双循环相互促进的新发展格局，是中国 40 多年改革开放实践在新时代背景下的提炼和升华，是实现高质量发展的重大理论创新。

其中国内大循环就是要以扩大内需为战略基点，实际上 1998 年后，就开始做这个事情，到 2007 年十七大的时候，明确提出要加快转变经济发展方式，坚持扩大内需特别是消费需求的方针，促进经济增长由主要依靠投资、出口拉动向依靠消费、投资、出口协调拉动转变。十八大再次强调推进经济结构战略性调整，牢牢把握扩大内需这一战略基点，加快建立扩大消费需求长效机制，扩大国内市场规模。十九大明确指出，我国社会主义初级阶段的主要矛盾已经转化为人民日益增长的美好生活需要和不平衡不充分的发展之间的矛盾，并提出要完善促进消费的体制机制，增强消费对经济发展的基础性作用，深化投融资体制改革，发挥投资对优化供给结构的关键性作用。

经过多年的发展，我们在培育扩大国内超大市场规模和内需潜力方面已经逐渐培育和积累了一些优势，2008 年危机以来，我国有 7 个年份内需对经济增长的贡献率超过 100%。现在强调大循环战略，更加具有现实意义。一个是从国内外经验看,大国经济发展通常会走向逐渐依靠扩大内需,而难以主要通过外需拉动经济增长,故大循环战略是长期战略而非权宜之计;另一个是,现在中国经济发展面临很多前所未有的挑战,有些挑战是来自于内部的,有些挑战是来自于外部的,其中外部的更加不可控性、不可预测,那么我们就要发挥既有的优势,更好地保持经济发展的韧性。

再一个是,当今世界面临百年未有之大变局,新冠疫情加速了这个大变局的调整,这更加凸显了我们要进一步巩固和发挥扩大内需的优势,更好地掌握发展和创新主动权的重要性。

贺铿

我认为,以国内大循环为主体,国际、国内双循环相互促进发展新格局,是"正本清源"的经济发展方式。从生产目的和社会再生产过程角度思考,像中国这样地域辽阔、人口众多的国家,社会再生产过程只能以国内大循环为主体,不应该、也不可能以外循环为主体。因为在社会再生产过程中,没有可能依靠别的国家来满足如此体量巨大的社会总产品价值补偿和实物补偿。

国内大循环不是一个市场问题,不是一个单纯的市场有多大的问题。有一些人总以为调整为国内大循环为主体,就是因为外销不行了,所以我们要把外销这部分产品转化为内需,会有大量外需转到国内而无法容纳。

这个理解是非常片面的。以内循环为主,任何国家基本上都是围绕这个来发展。因为我们生产的目的,就是为满足国内人民的物质和文化增长的需要,像中国这样一个国家,有960多万平方公里,包括港澳台34个省、自治区、直辖市和特别行政区,我们人口有14亿之多。那么我们在生产过程中,价值量的补偿,这个物质的补偿,如果不以国内为主,依靠外国来解决补偿问题,这是不可能的事情。哪个国家能保证中国社会再生产的需要?

所以从社会再生产过程来理解大循环，必须这样来理解。从社会再生产过程来讲，社会再生产包括 4 个环节，生产、分配、流通、消费，那么这 4 个环节都必须把一些关键问题解决，国内大循环才能够真正畅通起来。比如生产过程当中，资金链、产业链、供给链，必须以国内为主，生产过程的循环才能良好。在分配当中，就应该注意这个环节，资本形成和最终消费这个比例要保持得比较适当，不能老是资本形成的这个部分大，最终消费这部分小，这样就会引起内需严重不足，我们现在就正好遇到这个问题了。

我们 GDP 当中资本形成的部分比例越来越大，每年要上涨 1% 左右，而最终消费这部分的比例要小很多。2010 年时我算过，大概从 1998 年开始，每年平均消费率降低 1.2%，正常的最终消费率应该是 65%，全世界 200 个国家和地区，平均算一下是 60%，美国是 70%。而我们呢，1998 年，跟直接平均数基本接近，应该说是在合理区间，但是因为扩大建设，那么这一部分就越来越大。到 2010 年，我们的最终消费率降到了 45.5%，比世界平均水平低约 19.5 个百分点，你想想这个内需从何而来呀，你应该回馈给劳动者的这一部分越来越少。居民的收入水平赶不上经济发展，消费能力越来越小，购买力也越来越低，这就是我们大家都看到的内需不足。

为什么内需不高？有的人也说，后顾之忧太多了，中国人喜欢积蓄。不是这样，现在的年轻人还是愿意消费的。没有足够的收入怎么扩大消费，是不是？所以说在分配这个环节，一定要把收入分配问题解决好，这当中两部分的比例和居民之间的收入差距也不能太大，地区之间东西部、农村跟城市差距也不能太大。差距太大增长了消费，增加的收入用来消费的比例也不大。高收入者，他不需要再增加多少消费了,而中低收入者需要增加消费,但他的收入不多,所以说要保持社会的基本平衡。

社会分配的问题我一直说,在激励机制和社会公平之间,要找到一个合理的平衡点,把这个合理能掌握好,那么社会既有竞争,又不至于差距太大,引起许多社会矛盾。我们的社会为什么总是有一些问题不那么和谐呢?收入差距太大,恐怕是主要原因之一。我一直建议在收入分配这个环节,要在"十四五"期间,要特别注意解决这个问题,解决收入分配如何达到社会公平、达到合理的问题。在流通过程当中也要解决许多问题,主要是要把成本降下来,把流通距离缩短,要在物联网这个方面下功夫,这其中有大量工作要做。

最后到消费者手上,要看产品的质量。当产品丰富了之后,如果说产品质量不高,大家总是觉得这个东西不放心,吃的东西不放心,穿的东西也不放心,这样的话,他就不敢放手消费。所以我们要把这个产品的质量提高,解决质量问题,中央早已经提出来了,要真正落到实处。

所以说打通国内消费,打通内循环,包括了社会再生产过程当中 4 大环节的工作要做好,不是那么狭隘的一个问题,而是一个大问题。把这个问题解决好了,不仅我们的生产发展会比较快,我们国内社会都会更加和谐。

因此,现在明确强调国内大循环,一是因为新冠肺炎疫情对社会经济的影响,使内需不足,外需低迷现象更加突出;二是因为中国特色社会主义进入了新时代,社会主要矛盾已经转化为人民日益增长的美好生活需要和不平衡不充分的发展之间的矛盾。

黄益平

我觉得"大循环"这个事其实并不完全是新的,自从全球金融危机以来我们一直在讲要更多地依靠内需来支持经济增长。它背后一个重要逻辑就是中国经济已经从过去的小国经济变成了大国经济。小国经济的意思就是不管出口、进口多少,对国际市场的影响几乎微乎其微。现在变成大国经济了之后,影响就变大了,有一个通俗的说法是"买什么什么贵""卖什么什么便宜"。也就是说不管做什么,都可能在国际市场上引起较大的动静。因此,现在很难继续像过去那样主要依靠外国直接投资进来、出口出去,来支持经济增长。无论中国做什么,都可能会对各国经济产生结构调整的压力,各国也会对中国的变化做出反应,这是一个方面。

另外一方面,全球金融危机以来,国际经济增长速度在不断地放慢,复苏不是很强劲,这样也就无法继续靠外部需求来支持中国经济增长,起码难度在变得越来越大。最近因为外部市场环境进一步恶化,比如中美贸易冲突,我国在技术、投资和贸易方面遇到了不少障碍与困难。与此同时,中国经济已经变成超大规模的经济体,也就是说国内的回旋空间变得越来越大。现在提出的"双循环",跟过去一直在说的内需有关系,但又有不同。

简单地说,"内循环"既有需求,也有供给,才能形成循环。而供给则应该包括生产、技术和整个供应链,国内供给与需求之间形成良性的循环,同时和国际的循环紧密配合,国内外两个循环一起动。我觉得对我国这样一个大国经济来说,"双循环"是下一步支持经济可持续增长的重要机制。

李稻葵

其实"双循环"的概念已经酝酿了一段时间了，至少我们清华大学中国经济思想与实践研究院一直在以不同的形式提这个想法。也许我们用的不是"国内经济大循环"这个词，但是想法差不多。这个想法就是中国经济形势经过 2008 年、2009 年全球金融危机及之后的几个调整，到现在中国与世界的经济关系，事实上已经发生了重大的变化。

这个重大的变化，从量上说，就是我们现在对外的依赖度已经大大下降了。

我来讲一个数字，2007 年金融危机爆发前的一年，粗略地说，我们每 100 块钱的 GDP 中，有 35 块是出口。这 35 块钱出口的同时我们又进口了 25 块钱，那么我们的净出口是 10 块钱，也就是 10%。现在这个数字到了什么水平呢？去年一年，也就是 2019 年我们基本是持平了，净出口大约是 1%，基本上可以忽略不计。每 100 块钱的 GDP 对应的是 17 块钱的出口，16 块钱多一点儿的进口。所以现在不能说中国经济还是严重依赖国外市场。这是一个最直观的现象。

再往深层次看，中国经济的对外依存度在其他两个方面也在下降。比如说，一个是外资，我们的外商直接投资常年保持在 1200 亿美元至 1400 亿美元这个水平，这是什么概念呢？现在我们的 GDP 是 14 万亿美元，所以我们的外商直接投资只占到了 GDP 的 1% 左右，几年前这个数字还是 2% 左右。

再讲一个更深层次的例子，过去我们加入 WTO 之后的很长一段时间内，我们是用市场换技术。技术层面我们依靠大量地出让市场，一起来做合资。典型的例子就是华晨宝马，宝马持股 50%、华晨持股 50%，那么华晨帮助宝马克服了一些当地市场的困难。然后在这个过程中，华晨宝马和宝马公司一起去寻找零配件，再帮助中国的零配件厂商发展起来。宝马的技术部分转给了华晨和零配件厂商，从生产座椅到生产保险杠、到生产发动机的仪表盘，现在全都是国产化了。

在经过金融危机之后的这十几年，中国经济在不断地调整：在市场、资本和技术上我们对外依存度都下降了，这是一个本来的趋势。那么在新冠疫情危机之后，这个趋势又得到了加强。因为新冠疫情危机之后，西方主要国家，进一步加快了他们"去中国化"的步伐。他们到处都讲，他们的生产链不能单依靠某一个国家——就是中国；他们到处都讲，中国的生产现在太重要了，我们一定要多元化，而且还对中国的出口施加了关税，进行贸易保护主义。国外的这些主流的国家，尤其是美国，它的逆全球化也好，它要搞自己经济的独立性也好，出于各种考虑，都不可能在未来一段时间依靠中国的市场。所以新冠疫情危机爆发以后，在未来的这 10 年，我们想用国外的市场、资本、技术，在客观上讲，这种可能性大大地下降了。

而且还有一个因素，这个因素虽然不是很重要，但是必须得提，就是可见的未来 5 年到 10 年，全球经济恐怕是一个低速增长的时期。因为不到 10 年的时间里，两场危机重创了全球经济——一个是全球金融危机，还有一个是目前还没有结束的新冠疫情。所以在未来的10年，全球经济恐怕很难再回到过去的10年和20年的高增长时代。

总结来说：

第一个因素，就是中国的经济体量太大了，现在已经占到全球经济的16%。这个是按照目前的市场汇率算的，如果按照我们的物价算的话，可能得22%到23%，而十几年前是8%都不到。现在光靠外面的市场，我们吃不饱了。

第二个因素，是国外对我们警惕了，不愿意搞全球经济一体化、不愿意在很多方面跟我们深度合作了。

第三个因素就是全球经济在未来10年将会放缓，它也拉不动我们了。

这三件事不是突然发生的，过去的10年中在不断推进，只不过这个新冠疫情让它们变得更为鲜明、突出，让大家都觉醒了。

那么"内循环"，它的内涵是3个要求：

第一，市场主要靠自己；

第二，资本主要靠自己，我指的资本主要是说，未来我们的很多上市公司，包括一些高科技公司，可能未来要想方设法放到中国香港、上海A股或者深圳上市；

第三，更多的科学技术和商业创新得靠自己。

这三方面逐步要靠自己。

但是，绝对不能放弃"外循环"，绝对不能放弃对外开放。

如果说国内经济"内循环"给我们带来的是经济增长的量，那么"外循环"是支撑我们增长的质。质跟量同样重要。我们不能只是盲目地扩大我们的市场，关起门来。如果我们的企业不走出去，我们的技术不跟人家 PK，我们不去跟别人互相交流、互相学习，那中国经济很多方面发展的质量会打折扣。

刘国恩

无论大循环，还是小循环，对经济系统而言，从来不是新鲜概念和非常行动。现在说的国内大循环，应该是个相对概念，我的理解是更多强调当下加强国内市场的供需作用。记得在 2008 年那场全球金融危机发生前后，美国奥巴马总统刚刚入主白宫。他与其经济学家顾问团队所强调的对外贸易主张之一，就是为了减少对美国市场的出口压力，明确要求中国加强国内市场的内需循环，消化更多的产品和服务。事实上，加强内需也有助于提高本国人民的生活水平，从长远来看，对国家经济的可持续发展也不无好处。

强调国内大循环，并非与国际市场流通相悖。一方面，它的确意味着强化国内经济的自身供给能力和相互交换的市场规模，使本土市场力量发挥更大的作用。另一方面，既然是循环，在经济全球化的今天，不可能是闭环，而是与外部系统开通状态下的大循环。也就是说，国内循环与国际循环应该构成更为互联互通的有机系统，犹如身体的血液系统和体外生态系统的关系一样，缺一不可。国内大循环系统的良好运行要求相关机制的转型升级，从而也有利于促进国内要素市场、产品市场的资源配置与流通效率。2019 年，中国经济达到近 100 万亿元人民币的量级，就总需求来看，其中大头是约 58 万亿元的最终消费，其次是 31 万亿元左右的资本品构成，净出口为 11 万亿元。而事实上，中国的进出口总量远比11万亿元大得多，这意味着，消费品与投资品当中相当部分属于直接或间接与国际市场发生交换关系的产品与服务，这反映了本国经济的内循环与国际外循环的高度流通程度，已经发展到不可能退回到闭环运行的自给自足时代。

陆铭

其实我觉得这次在经济社会领域专家座谈会上已经讲得非常清楚了，从一个学者的角度，我认为澄清了很多之前大家可能有的担心，主要是三个方面。

第一个方面就是跟大家的疑虑有关。大家担心国际国内双循环，以国内循环为主，是不是不要国际循环了？会上非常明确地表态，凡是愿意同我们合作的国家、地区和企业，包括美国的州、地方和企业，我们都要积极开展合作，形成全方位、多层次、多元化的开放合作格局。

第二个方面是更加具有学术意义的观点。所谓"国际国内双循环"，以国内循环为主的发展模式，其实是从2008年全球金融危机以后，中国就慢慢开始形成的局面。我们学经济学的人都知道，外向型的经济对于构成国内GDP来讲，是用出口减掉进口。贸易的顺差是GDP的增加项目，贸易逆差是减项。在加入WTO一直到2008年经济危机之前，中国的外贸盈余对于GDP的贡献曾经超过9%，但这实际上是太高了，因为是贸易失衡。对我们是顺差，对别的国家就是逆差。这意味着我们大量的生产是为了满足国外的消费需求，那么国内大量的消费需求其实没有得到充分的满足，所以这也并不是一个社会福利最大化的发展路径。当然后面这句话是作为经济学家的我的表述。所以从

2008年经济危机爆发到现在，我们的外贸盈余在全国GDP当中所占的比重已经降到1%以下了，也就是进出口基本上是平衡了，这是第一点。关于第二点我的研究里是有这样的一个度量的，就是叫"外贸依存度"。"外贸依存度"就是一个国家的进口加出口除以GDP的比重，我们在经济危机之前曾经是超过60%的。世界上的小国家的外贸依存度会比较高，而大国因为它的生产能够自给自足，一般来说外贸依存度是比较低的。大的国家、大的经济体，一般来说外贸依存度是在20%至30%。也就是说，当年我们这个数值在比较高的时候，大概是别国的两倍。现在正在慢慢调整，也是符合经济规律的。

第三个方面是关于内需，我来做一个我研究当中的补充说明。我们来说服务业，因为随着经济发展水平的提高，服务业在GDP当中所占的比重是越来越高。我们国家现在情况是这样，如果我们以服务业在GDP当中所占的比重，作为一个指标来做国际比较的话，我们比发达国家历史上同期所处的水平要低大约10个百分点。

中国接下来会出现两个趋势：第一个趋势回归正常，我们10个百分点就抹平了，跟别国正常水平是一样的。第二个趋势就是，抹平了以后，经济不是还在发展吗？那么你的服务业比重是要进一步提高。这两个东西叠加起来，就意味着未来中国服务业占GDP和就业的比重是要持续提升的。服务业的特点是什么呢？经济学里说，它是不可贸易的、以内需为主的，这也会构成所谓国际国内"双循环"里面以内需为主的一个动力。

以上3个方面，希望能够帮助大家去认识"双循环"的提出以及国内循环和国际循环之间的关系。

刘守英

现在有很多关于"双循环"的讨论,我觉得这里最重要的,就是无论"内循环"还是"双循环",首先是循环,先要理解循环。就是说一个国民经济活动最重要的特征就是它要转起来,一定就是整个经济活动要活起来,这里面涉及的就是整个经济活动,它不能是断着的,那么断着的话,整个国民经济就是出大问题了。所以说,一个经济运行的好坏,实际上就是看整个经济循环得顺不顺畅。

我们在原来的传统的计划经济时期,经济效率出问题,很重要的就是它的循环出了问题,就是说靠一个集中的计划配置资源的方式是行不通的。另外就是价格机制,在整个经济循环中也不能有效地起作用。还有一个就是整个经济活动的这些主体,它的激励机制出了问题,在整个国民经济活动的过程,它不能有效地畅通,后来是因为这个出现问题。

循环起来是非常重要的。因此我们才开始改革,改革很重要的一件事,就是要把原来在计划经济时期,整个国民经济循环不畅通的这个状态,通过体制的改革,通过机制的这种改变,通过激励的这种改变,让它通起来。

我们改革以来的这个过程,实际上就一直是在畅通整个国民经济循环的过程，所以改革就是把原来计划经济那些使整个经济循环和经济活动不畅的那些东西给它打掉，让它畅通。所以我们讲的改革，就是体制的改革，包括价格体制的改革、经济体制的改革、整个微观体制的改革，还包括使整个国民经济运行的链条之间畅通的一些改革，实际上就是为了畅通这个循环。

改革开放首先面临很大的体制机制问题。把这个问题慢慢地捋顺以后，整个经济活动主体的积极性开始得到调动，那整个市场就开始活跃起来，然后贸易也开始活跃，不同的主体在这个经济的体系下，它开始转起来了。

但是我们改革开放之初还面临一个问题，也就是资金不够，资本缺乏嘛。资本不够，我们的办法是靠引进外资，这样我们就开始将整个中国的经济循环的体系跟国际接上了。接上了以后国际资本开始进入中国，国际资本进入中国的同时把全球的企业家也带来了，所以我们就是靠纳入整个国际的这种经济循环的体系，解决了我们资本不足的问题，解决了企业家不足的问题。

国际资本和企业家进来以后也面临很大挑战，那个时候我们的整个国民经济循环实际上是两个问题：第一个就是国内的需求不足，你的收入不够，你的消费不够，你的整个需求不够，当时中国的经济循环体系已经开始跟国际接上了，那就是你的出口也要跟国际接上。所以这个时候就开始大进大出，所谓的大进大出就是你的资本直进直出，国外的企业直接进入，这些进来以后实际上是把原来的，我们在计划经济时期的那个内循环就给打掉了。打掉以后就是你加入了国际循环，你生产的东西要往外走，因为你国内的这个需求没有这么大的能力，你的收入水平很低。另外一个，就是我们当时的整个国企的改革、城市的体制改革，这些东西都没有跟上来，那实际上就是当你进行整个体制改革和国际资本进来以后，你原有计划经济那套循环体系又发生了变化。

进到国际循环，这就是我们90年代那个时候提出来的出口导向和大进大出，就是通过国际的资本和国际的市场，加入了整个中国原有的这个体系，加上改革的推进，形成中国国际和国内的这两个循环。这是我们的第二个阶段。

第三个阶段面临的情况是什么？那就是随着我们的产品不断地全球化，往国际的市场走，大量的产品进到国际市场，进到国际市场以后，原来资本不足的问题也开始得到解决了。那得到解决以后，我们整个循环体系面临的很大一个问题在哪里？就是说，因为你已经进到这个国际的循环体系了，你中国的这一套循环在国际循环体系里是要面临竞争的。

现在面临很多竞争，所以第三个阶段中国的出口率有所下降，另外就是中国跟美国的这个贸易顺差。原来我们一直是采用鼓励出口的汇率政策，我们出口的这些激励的政策，实际上就是为了更好地让我们低成本生产的产品去参与国际竞争。这样就形成中国跟美国、跟欧洲这些国家之间在贸易上不平衡了。不平衡的结果是什么，形成中美贸易的这种冲突，贸易冲突的背后实际上是什么，就是说我们原来这套循环体系，在整个国际循环体系里面，实际上有两个问题没有解决。一个就是说，整个中国加入国际体系里面之后，产生了失衡，这个失衡你没有找到解决办法。就是你参与到国际循环体系里了，运用国际的资本，加上这个国际的市场，我们利用我们低价的劳动力和我们高度的学习能力，参与到国际竞争的那一套体系，这就产生了失衡，所以我们到第三阶段面临的问题就是第一个是失衡的问题，第二个就是说国际上开始对中国的这种成本进行竞争。一个就是成本上升嘛,一个就是结构失衡,这两个问题都没有解决。

这两个问题没有很好地解决的时候,实际上我们的整个出口率又在下降,所以我们讲中国现在讨论内循环是要好好思考的,也就是说,到底什么时候是"内循环",什么时候是"双循环",什么是以内循环为主,什么是以国际循环为主,在不同的阶段表现是不一样的。我刚才讲到出口率在下降,出口的下降说明了不能支撑你在这个国际循环体系上。

2008年金融危机以后,实际上我们已经从利用国际循环化解内部循环不畅,开始走到内循环的这种体制上头,经济循环的状态,最重要的表现就是出口没有那么高了嘛,出口率下降,整个你的成本上升,你的竞争力下降。第二个就是说,我们这个时候整个中国的经济规模已经非常之大了。经济规模非常之大以后呢,要怎么支撑,整个中国已经不能再以这么大一个体量去跟国际循环了,不能再用国际循环来缓解你这么大的体量。那中国这个第三阶段的循环状态,实际上就是靠的土地和房地产。

在中国快速城市化的进程中,很重要的就是土地创造资本,就是政府低价征用农民的土地,挂牌经营性用地。另外就是中国2008年以后有了更大的货币投放,这样就是土地资本化的进程就更快,然后就是更高的房价来带动更高的土地的价格。

这样就形成我们这个土地、房地产、货币,这三个之间不断加速的这种循环,这样就把整个中国经济也继续带到一个快轨上,但这个快轨它实际上已经跟国际这个循环体系已经开始发生变化了。已经不是完全依靠国际的资本市场和国际贸易市场,来解决中国循环的问题了。实际上已经进到国际的循环减弱,但是国内的循环加速的这个过程,那加速过程里面就带来很大一个问题,就是国内循环起来了吗?

首先它只是针对一部分人,能够在这一套城市化的体系里面受益的人就进到你这个循环体系里了,所以我们就会发现,整个循环体系是有失衡的。

那这种失衡主要表现在,分享到城市化红利的人跟没有分享红利的人,这两个群体之间是不一致的了。就是说买了房子的人,你的资产价格就不断地上涨,然后你的财产的价值也不断地上升,这样在整个财富的分配过程中呢,这些人就成了受益者。那没有分享到城市化好处的这些人,就是说买不起房的人,享受不到城市这些权利的人,还有就是在城市化的过程中,没有获得这些经济机会的人,那这些人就没有参与到这个过程中。所以就是说分享到城市化好处的和没有分享到城市化好处的,这两个阶层是不一致的。

不一致的话带来的问题在哪儿呢,就是说你的这套循环体系里面,消费怎么带来?我们讲生产,你的生产是一个什么生产呢,就说你的整个这一套生产是一个城市化的体系,来造城市,造房子,是这套生产体系。所以这个时候整个制造业已经下降得很厉害,出口带来你的制造业,所以我们一直讲你实体和虚体的关系了,实体怎么取得来,整个制造业这一块下降,那就是分享整个工业化城市化好处的机会的这些人,机会就减少了。生产的这一块是这样,那消费的这一块也是这样,你的生产,你的经济机会不能得到很好的分享的话,那你的消费就起不来。

那另外一个流通也是一样的，流通也就是只在你的那个房地产那一块转，那其他的整个这个经济活动这个过程，他就没有参与到。阶层的机会的这种失衡，实际上是我们整个国内的经济循环不能畅通的一个根源。

这是因为我们当时在国际循环中面临竞争，还有贸易的摩擦加大以后，使得我们不得不转向内部的这种循环。但是我们没有从根本上解决国内循环的畅通的问题。另外，国民经济的这个循环，很重要的就是，要素一定要转起来，你的要素一定是要通的。

你的土地、你的资本、你的劳动力、你的技术，这些一定是要通的，只有这些通了以后，你的整个国民经济的循环才能有效地打通。我们在整个高速城市化阶段，就可以创造更大的经济规模，可以实现更高的增长，但是我们又基本上是在这个要素没有很好打通的情况下运行的。比如像土地的市场，是被政府垄断的，然后劳动力的市场，劳动者是可以跑来跑去的，但是劳动者的权利在城市也没有公平地获得，资本市场也是受管制的。你的技术你也没有分享，你的创新，这种激励，也没有分享，最后形成结果是这样的，就是你要素不通，你的整个国民经济循环就不能有很好的畅通。

第三个问题就是体制要通，体制循环就是各个制度之间的衔接，这些制度之间不能有效地衔接的话，体制的循环就不能够很有效地运转。所以我讲我们现在在讨论整个循环的时候，一定不要就是说，那个时候"外循环"这个就是"内循环"。所以我一直讲的，是整个现在全球化以后，只有一个环，这个环就是循环，那这个循环就是说，在全球化的格局下，你的整个经济循环要畅通。我坚决反对就是说，我们过去是国际大循环，利用国际为主的大循环，那现在国际环境变化了，我们现在国内有很大的需求，有很大的市场规模，然后我们就要转向"内循环"。所以我讲，循环永远不可能就是你自己在内部的这种自我的循环，道理很简单，那我们计划经济时期弄过，中国的计划经济是一个典型的非有效的循环。

现在我们已经参与到全球化的竞争，无论是经济活动还是贸易、资本、技术，包括企业家，所有的这些，你已经跟世界是脱离不开干系的一个循环了。

就是说无论是讨论内循环还是外循环，核心是循环，循环就是我讲的，它是整个国民经济活动的有机联系。另外，整个经济活动畅通的核心是要素要通，要素转起来经济活动就转起来，如果你整个要素这个通那个不通，或者你这个是扭曲，那个是关着的，你的整个要素就活不起来，活不起来你整个国民经济循环就不能形成起来。所以循环是体制的循环，体制的循环就是说，你的整个制度之间的这种衔接，使你整个体制能够有效地运转，你看我们这次疫情最典型的就是这个特点。疫情是非常典型的，它是一场大演练嘛，国际航线不给你飞了，你人也出不去了，你所有的要素都被阻断了，村跟村之间都给隔了，你会是什么样的。所以我讲的循环的第一个特征，就是整个国民经济的经济活动的过程要通。第二个我讲的就是循环的要素要通，要素不能扭曲，扭曲带来的就是整个要素的循环出现问题。第三个就是这个制度的衔接带来的整个体制的循环要通。

刘元春

现在大家都在讨论国内大循环，但重要的是大家一定要把它的基本概念梳理清楚，避免形成一些思想上的误解。因为任何一种经济循环，特别是一个大国的经济循环，都是由国内大循环，还有国际大循环组成的，到底是以国内大循环为主体，还是以国际大循环为主体，必须要以国家的发展阶段、发展环境，还有发展的目标来决定，而不能机械化、简单化。

第一点，我们必须要理解清楚大国的内循环实际上是一直存在的，对中国来讲也一样。其实在传统的计划经济体系下，它也有内循环、也有国际大循环。但是，以市场经济和市场配置资源为主体的这种国内大循环实际上是在过去40年改革开放的进程中逐步形成的。目前很多人就讲，"双循环"新发展格局要以国内经济大循环为主体就是新形势下的闭关锁国，这种理解是严重错误的。习近平总书记已经再三强调，国内大循环，在本质上也是开放的，它与国际循环是相互促进、相互配合的。

第二种观点认为，以国内大循环为主体就是要简单地解决我们目前遇到的外需不足的问题，要通过出口转内销等方式来实现，因此"双循环"就是我们在国际产业链上要脱钩。这个说法也是十分错误的。虽然在我们国内经济大循环的完善过程中，需要面对目前国际大循环动力不足、外需下降、外部环境风险急剧上扬的情况，安全问题成为政府需要重点关注的一个核心问题。但是，国内经济大循环不是简单只解决这个问题。它还要解决我们内生动力的问题，解决我们发展的主要矛盾所呈现出来的新问题、新规律。

那第三个说法就是把什么东西都要归结到国内大循环，甚至很多区域经济也在讲大循环。国内双循环、新格局是一个战略，是一个国家整体性的战略，不是哪一个区域哪一个点上的战略，也不是划界到某一个问题、解决某一个问题的一些战略举措。所以我觉得，首先要澄清一些错误的理念，防止一些人利用"双循环"这个新理论，在没有很好鉴定它的内涵的基础上，来宣扬他们的一些偏激的、落后的思想。其次，就是作为学术界，应该要把这个"双循环"发展战略的核心命题、基本体系要梳理清楚。

那么内循环实际上就是以满足国内需求为出发点和落脚点，以国内分工体系为载体，以国内生产消费分配流通等环境的畅通、新动能的不断提升为内生运行动力，以国际大循环为补充和支持的一个经济循环体系。

这个体系本质上对一个国家的发展、特别是在中国全面小康已经实现，要迈向现代化强国的新征程里，它必须作为我们的战略基本盘，作为我们统筹开放与安全、规模与安全的基本体系。我们要明确"双循环"新发展战略在目前的百年未有大变局、中华民族复兴的这样一个格局下，它的战略意义，要从战略思维、底线思维、辩证思维来把握该理论的时代背景。我觉得要明确我们的"双循环"新发展格局理论是我们新发展阶段、新的内外部环境和新的历史任务、条件的必然产物，这个理论有它的历史基础、实践基础，同时也有它的理论基础，不是无中生有出来的。学术界必须要把它的时代背景、历史基础、实践基础、理论基础、基本命题还有核心内涵要梳理清楚。在这次经济社会领域专家座谈会上，习近平总书记也反复强调了，目前这个理论进行了很多次讨论，还需要继续，也希望我们提出一些争论。所以目前有一些争论也是正常的，要在争论中不断地明确我们的战略。

田轩

2020年的新冠疫情叠加全球经济形势的下行，对我国来说意味着外部压力骤增、中美关系恶化、地缘政治摩擦频出，在这种外部环境不稳定、不确定的情况下，中央提出了"国内大循环"和国内国际"双循环"的发展战略。关于这一提法，从2020年全国两会、企业家座谈会上的"逐步形成"，到7月30日中央政治局会议上措辞变成"加快形成"，表明中央已经认识到了问题的长期性、复杂性和紧迫性。今天的中国，已经拥有完整的现代工业体系、深厚的产业工人储备、先进的物流系统和庞大的消费市场，这些都是我国实现国内大循环的坚实基础。因此，在当前严峻的国际形势下，提出"国内大循环"正当时。

关于如何理解"国内大循环"，需要明确的是形成"国内大循环"并不等于完全摒弃国际分工，回到"闭关锁国"的时期。虽然我们目前拥有国内大市场的优势，但是国内市场并没有大到可以容纳出口型企业的所有产能。构建国内大循环、国际国内双循环指的是通过重构国际产业链、贸易链，使国际循环更好地服务于国内循环。正如外向型企业出口转内销，可以发挥国内市场广阔的优势，帮助出口型企业暂时渡过难关、生存下来，但并不是完全放弃海外市场，仍要保住已经建立的外销渠道。中国对外开放的战略没有变，只是进入了一个新的阶段，并且未来我们还要继续扩大对外开放。

魏建国

有很多人提到国内大循环这个问题的时候，心里面有一个想法，就是看到我们产业链供应链，或者一些关键零件、配件和技术掌握在人家手里面，我们比较被动。这是一个原因，但是我个人认为，提出这个以"国内大循环"为主体，国际国内"双循环"相互促进的新格局，是根据我国发展的阶段、环境、条件变化做出来的。我们已经到了这个环境，我们在整体发展的阶段中，处在疫情和疫情过后这个全球的保护主义上升、世界经济发展低速、全球市场萎缩、大家对恢复信心不足的情况下，我们认为在这个时候我们国家能够提出这个新格局是非常重要的。

还有，以前在疫情过程中我们就看到了，一些单边主义、霸权主义，特别是中美这一次贸易战，给我们带来很大的冲击。因此我们在这个时候，应该从我们中国生存发展的角度，在中国下一步地区供货的全球化引领这一块，以及下一步中国在全球所担负的责任来考虑"双循环"的问题，这是第一点。另外，我们应该考虑到疫情过后要重塑我国国际合作的竞争新优势的战略选择，所以这个"双循环"我们一定要考虑，因为在疫情过后，肯定有一些反对全球化，特别是逆全球化的趋势。比如说南北差距、贫富差距也与全球化有关系。美国就把它的空心化，把它整体的中产阶级收入没有得到显著提高，把它的失业人口增加，以及整体的工业空心化，这些都怪罪到全球化。因此它采取一种单边的保护主义，把美国的利益放在第一。逆全球化的这个思路，对一些国家、对一些企业家、对一些投资者都有影响，所以在这个时候我们应该看到，疫情过后全球化是动摇不了的。只不过全球化因为以前与时俱进不够，所以我们要打造一个普惠平等的、更加包容的、更加可持续发展的、比较得到大家拥护的这种局面。这种情况下我们选择"双循环"，一是我们内部的发展需要，二是我们在国际上要打造我们合作的新优势的战略选择，这是两个根本点，决定了我们一定要把"双循环"这种新格局作为我们下一步整个经济的发展方向。

所以我个人认为，这种新的以"国内大循环"为主体、国际国内"双循环"相互促进的新发展格局，它不是只管一个时期，它可能会管到相当长一段时间，20年、30年甚至更长，它可以说是我们今后整个国家经济的一个总路线。所以各位企业家一定要把这个事情深刻认识到，这样企业在做出决定的时候，或者做战略选择的时候，在发展过程中，在对整个的经济环境进行评估时，这是很重要的一环。希望大家能看清楚这一点，这是我们国家今后整体的一个积极发展的重心。

夏斌

"大循环"这个概念的提出,有其深刻的历史背景。关于这个问题,在美国发生金融危机的 2008 年年底,我在深圳的一个会上曾提出了两个预测。当时我说,美国金融危机是坏事,也是好事,它将逼着中国出现两大历史性机遇。

第一大历史机遇是,中国会被逼出一个大国消费为主的发展格局。再过 5—8 年,我们回过头来再看,中国会出现 19 世纪末、20 世纪初美国崛起时那样的情景,走上大国消费的道路。当时在 2008 年年底提出这么个想法,大家都感到很突然、很奇怪。

第二大历史机遇是,中国会走上人民币国际化的道路。中国的金融以 2008 年为界,新中国成立后基本上经历了两个 30 年。第一个 30 年,1949—1979 年,我国几乎没有真正市场意义上的金融,全国由中国人民银行一家,从上到下占主导地位,各县设分支机构,不像现在有那么多种类的金融机构、那么多种类的金融产品。那时的银行实际上是计划经济附属的机构,是财政的"出纳"。第二个 30 年,1979—2008 年,改革开放后,摸着石头过河,把金融做大了。但今后到底怎么发展,具体的路径是什么?其实我们是懵懵懂懂的,很多人还是受"华盛顿共识"的影响。2008 年第三个 30 年开始,美国金融危机了,让我们懂得了世界经济不太平的制度根源是什么。就是美元霸权下的国际货币体系有问题，这是这场危机深刻的制度根源。从这点出发，中国经济要发展、要崛起，必然会逼着人民币要国际化。今天看来，这一条我们也在慢慢地践行。

当时，我还常举一个不太恰当的比喻。当 2008 年美国发生金融危机之后，小布什总统说：美国危机是因为"华尔街喝醉了"（指疯狂创造各种金融衍生产品）。当时我接着小布什的逻辑说：华尔街喝醉了，酒是谁送的？酒是中国人送的。现在他买不起酒了，不喝了，怎么办？卖酒的就得自己喝。自己不喝，我们的企业就要关闭，工人就要失业。自己喝，就是扩大消费、扩大内需。因为外需突然大幅减少，我们高速发展时投了这么多的生产设备，形成这么大的生产能力，经济要继续正常循环下去，这么多的产品谁来消化？只能走内需，走大国消费市场这个道路，这条道路不想走也得走，而且必然会慢慢走出来的。

今天，理解国内循环为主的概念，应该了解，中国政府其实在 2008 年美国次贷危机之后已经清醒地认识到我们经济结构的问题，并一以贯之地在强调结构调整问题。党的十八届三中全会曾指出，我国发展中不平衡、不协调、不可持续问题仍然突出，结构不合理、发展模式粗放、城乡差距大、社会矛盾明显增多。到了十八届五中全会又进一步明确，"必须把经济增长动力更多放在创新驱动和扩大内需特别是消费需求上"。六七年过去了，习近平总书记最近在经济社会领域专家座谈会上指出："发展不平衡不充分问题仍然突出"，必须"扭住扩大内需这个战略基点"。具体要解决的是，除生态环保、社会治理外，在经济领域，是创新问题、农业问题、城乡收入差距问题及民生保障问题，等等，这些结构性问题并没有得到彻底解决。以出口投资为导向的发展方式持续不下去了，只有转向扩大内需特别是扩大消费为主导的发展方式，经济才能保持可持续发展。实际上在 2008 年之后的近 10 年时间内，中国政府一直在做这件事，一直在强调经济结构的调整和发展方式的改变。只是由于方方面面的原因，在这件事上虽有些进步，但这个任务迄今并没有很好地完成。今天提出国内循环为主，是经济结构调整和发展方式改变这一内在逻辑的必然。可以说经济结构要调整、发展方式要改变这一核心内容并没有变，变的只是看问题的角度和一些提法。

特别是自 2019 年以来，外部环境发生了很大的变化。美国反华，在全球掀起保护主义、逆全球化浪潮，对我们的外需形成很大的冲击。中国经济发展遇到了改革开放以来从未遇到过的恶劣的外部环境。在内部改革任务尚未完成，又遇外部突然变化的局势下，我们提出推动形成国内大循环为主体、国内国际双循环互相促进的新发展格局，这是对当前形势做出的非常形象的描述，是非常自然的，也是非常正确的。是进一步强调了中国经济发展的正确方向，并赋予了新形势下新的内容。这是一个大国经济未来发展的必然选择。

徐洪才

其实内循环，或者说内需对经济增长的贡献和驱动力，在过去的十几年一直是上升的。一个最典型的例子就是说，我们中国对外贸的依存度是逐年下降的，就是外贸的出口加上外贸的进口，除以GDP，现在大概是31.4%。在全球金融危机以前，我们曾经高达65%以上，而现在是逐年下降的。作为一个大型经济体，依靠出口拉动经济增长是不可持续的。现在很多小型经济体是在走这个路子，我们在改革开放之初，包括在21世纪初，我们加入WTO初期的时候，我们利用外贸拉动经济增长，效果是显著的。但是随着规模的增加，这个也是不可持续的。因为全球外贸的蛋糕就这么大，中国快马加鞭，必然会激化矛盾，增加国际贸易的摩擦。

另外，是有关我们自身产业的安全、经济的安全。咱们在全球分工体系深度地融入其中，但是由于自身的创新能力不强，会在关键环节卡脖子。现在大家已经看到了，比如华为，在现在美国全方位的打压下实际生存是很艰难的。我们有一些关键的环节可能还受制于人，所以我们也要启动内循环为主，这个是基于当前国际形势的变化和我们自身内在的要求，做出的重大的调整。这也是体现了过去我们经济发展的结构性变化趋势，这种趋势就是内需对经济的贡献越来越大，而且展望未来，无论是消费需求还是投资需求都有很大的发展潜力。现在中国经济规模突破100万亿元，人均GDP突破1万美元，但是相对发达经济体来说，我们仍然只有人家的1/4。我们14亿人口当中，还有6亿人每个月的收入不到1000块钱，14亿人口当中还有12亿人现在还没有坐过飞机，所以未来这种经济的发展潜力还是很大的。因此我们也是要通过供给侧的结构性改革，提升供给的质量、服务的质量来满足老百姓对高质量生活的需求。我们要利用这样一个机会来发展自身的经济。

我强调一点，我在很多场合都已经讲过了，不是说要搞闭关锁国。我们扩大开放还是一如既往地推进，利用两个市场两种资源，我们在扩大开放方面是不遗余力的。这两年挺热乎的就是北京的中国国际服务贸易交易会。广交会、上海的进博会、北京的服务贸易交易会，三足鼎立，反映了中国全方位的对外开放，释放了这样一个积极的信号。

姚洋

现在具体的概念还没有完全公布，政治局会议只是提出了一个梗概，从梗概来说我想主要还是要完善国内的需求，把国内的需求做上去大概是重点。但其中恐怕还隐含其他的意思，这个时点提出国内循环很重要的一个原因是国际环境，特别是和美国的关系在恶化。我们可能需要有危机意识，万一美国跟我们逐渐减少金融、技术联系，甚至经贸联系，我们该怎么办？可能也隐藏着这样的一个底线思维在里头，这也就是我们看到现在提出来"国内大循环"的一个原因。

如果只是纯粹看所谓的国内需求的话，过去10年，我们一直在回归国内需求。出口对中国经济增长的贡献，已经是微乎其微了。像今年第二季度，这个算是贡献比较大的，如果按账面上算也就只有0.5个百分点。所以在过去的10年间，我们一直是在走向国内循环。国内消费占GDP的比例，从2010年的占48%，现在上升到54%。一年0.86个百分点，这是非常快的速度。要是照着这个速度下去，10年、15年之后我们的储蓄率就太低了，低于现在韩国的水平（35%）。所以从消费的角度看事实上增长的空间还有，但绝对不是很大。我们不可能像过去10年那样，消费占GDP的比例还是以每年0.86个百分点那样去增长。未来5—10年我们不应该这么做的，因为中国还是需要资金，我们需要资金去搞研发，等等。在这种情况下我们怎么去理解国内大循环，我觉得还要等一等，等到"十四五"规划出来之后我们才能更加清楚一点。

02

主题二

实现大循环的
难点突破

Make Breakthrough out of
the Difficulties

管涛

要按照生产、分配、流通、消费4个环节，疏通各个方面的堵点和痛点。比方说，要完善要素市场化配置的体制机制，提高资源配置的效率，让这4个环节的循环更加畅通；在发展过程中，前述4个环节上更要依托国内市场，特别是要通过加快创新发展，补齐产业链、供应链短板，更加强调安全发展，掌握发展的主动权。

当然，这并不是说我们要排斥国际市场搞自循环、搞"闭关锁国"，而是要通过扩大开放，使得扩大内需不但促进中国经济增长，也带动世界经济发展，把中国逐渐打造成为"世界工厂+世界市场"的国际新定位。

贺铿

形成以国内大循环为主体，国际、国内双循环相互促进的发展新格局，不能简单地理解为是一个市场问题，更不能简单地认为是产品外销受阻要转为内销。前面我已强调，构建新发展格局属于社会再生产范畴，需要打通生产、分配、流通和消费各个环节，需要全面"提升供给体系对国内需求的适配性，形成需求牵引供给、供给创造需求的更高水平动态平衡"。因此，我认为应该从以下5个方面努力：

一是要继续深化市场化改革。特别要在优化"亲""清"二字之营商环境，在生动活泼的政治环境上狠下功夫。如果没有开明、公平的政商环境，实现中国现代化就是一句空话。

二是要改革收入分配制度。改革收入分配制度，实现社会公平既是坚持社会主义道路的要求，也是扩大内需的要求，时刻不能忘记。

三是千方百计提高生产力水平。它的关键是掌握核心技术，归根结底是人才问题。故培养和引进人才，改革用人机制，应该是"十四五"期间的重要任务之一。

四是着力打造品牌产品。无论内循环,还是外循环,都是产品质量在循环中的竞争。所以,要进一步发扬企业家精神,在创新和"工匠精神"方面狠下功夫。只有打造更多品牌产品,为消费者提供更多、更安全的高质量商品,才能更好地畅通内、外循环。

五是大力发展民营企业。民营企业主要是中、小、微企业,它们是市场主体中的主体。在美国,中小企业被视为"国家经济的脊梁"。因为中小企业机制灵活,创新能力强,转型快,能让国民经济保持旺盛的活力。

综上所述,要真正畅通国内大循环,至少需要解决好以上5个方面的问题。

| 李稻葵

我认为实现大循环要在三个方面突破:

第一个方面就是要释放潜在的,我们国内的市场需求。

第二个方面就是我们的资金循环要做得更好。

第三件事情,就是科技方面,一定要抓住未来10年全球科技创新的机遇。未来10年,我们会进入科技创新的一个高峰期,一定要在若干方面能够做到全球领跑。

展开来讲的话,什么叫释放需求呢?就是我们现在的需求还是有的。我经常开玩笑说我们是"10+4"的问题。我们还有10亿人口没有进入中等收入水平这个阶段,这10亿人口中很多人没有坐过飞机、没有坐过高铁、家里没有空调,冬天甚至没有暖气。这10亿人,要让他们的需求上升,就是要城镇化。有些进了城的,但是还没有融入城市生活的,要把他们迎进来、安顿下来,让他们真正地在城里扎根,让他们在农村的那些土地,宅基地也好、承包地也好,要长期地稳定地租出去。让他安安心心在城里生活,在城市为家。这是第一个关键。

第二个关键是什么呢?是已经进入中等收入水平的这4亿人口,他们现在也还有需求没有得到满足。为什么呢？因为他们对一些基本的公共服务有要求，但是这个基本公共服务没有完成，因此他们不敢花钱，比如说教育、医疗、养老，还有基本住房——有些人还没有合适的房子。所以这几个方面，对应4亿人口，公共政策必须发力，必须要提供最基本的公共服务。

拿教育为例，政府应该兜底，应该尽快普及12年的义务教育，保证孩子们，最起码能够高中毕业，能够有一技之长。因为就算他上不了大学，他也应该有比较好的技能，应该今后能够做一个技工，有一个上升的通道，跟德国人似的，德国技工的工资也很高的，生活也很好的。基本住房也是，如果有人暂时在城里买不起房，比方说北漂的，政府可以修一点儿平租房。以北京为例，50平方米，一个月3000块钱——当然要严格控制啊，不能说高收入人群去占那个便宜，要把它稳定住。还有基本养老，如果实在老无所依的，政府应该提供一些基本的设施和保障。

所以这些方面，是未来10年需要发力的方向。如果这些方面能发力的话，很多中等收入的人就愿意花钱了。所以这是释放需求，是内循环的第一件事。

再补充一点，就是一定要形成一个统一大市场，不能搞地方割据。现在地方割据的现象还是比较严重的，比方说北京现在的出租车还是以北京现代为主，上海的还是以上海大众为主，重庆还是以长安为主。但是未来一定要打通，打成一片，这个也是要改革的。怎么改革呢？我们最近搞了一个研究，就是要把地方政府的激励调整过来。地方政府的激励现在是抓生产、抓税收。比方说投一笔钱，花20个亿或者50个亿，把一个新能源汽车的工厂给拉过来，地方政府期望生产新能源汽车的，未来能够给它交税，同时产生GDP，这是地方政府比较喜闻乐见的。比如电视屏的京东方，在重庆、合肥都投资了，把京东方拉过去了。或者弄一个江淮大众，搞个生产线，然后就交税了。所以现在各级政府抓的是生产，谁也不关心消费。各地政府希望生产在我这个地方，消费在别的地方，是重商主义的。你看汽车，连续两年负增长，地方政府不愿意管这个事，只愿意生产。以后应该是哪个地方消费，那么税收就归哪个政府，这样地方政府才愿意去抓市场、抓消费。

内循环的第二件事呢，是资金也要循环起来。现在是我们老百姓有了钱，我们想投资于国内的股票。但是国内的资本市场上都不是最好的上市公司，至少不全。你看腾讯、京东最近都创了新高，但都不在我们A股上。腾讯在中国香港，京东在美国，都跟我们关系不大。当然我们贡献的是腾讯的流量，我们贡献的是京东实打实的GMV——它的总销量，算是我们养活了华尔街的投资者。大部分投资者都还是在境外，当然也有一部分是境内走出去的，但这没有形成闭环。再比方说，腾讯的第一大股东是南非的Naspers（南非报业），阿里巴巴第一大股东还是孙正义，这不太对。我不是民族主义者，但是我们中国作为一个高储蓄的国家，应该至少能够做到，我们百姓养活的企业，它的投资回报应该能够回到我们百姓的腰包。这需要资本市场的大力改革。

第三件事，就是科技。我们的科技在一些制高点上一定要站住。比方说人工智能，互联网的深入应用，以及生命科学。还有就是量子计算，量子计算现在据我调研，咱们跟美国还是差一点，但是差得不是太远，还是有可能赶上去的。

刘国恩

我觉得国内实行大循环的条件，类似国际市场的要求条件，本质上并无二致。所谓的循环，关键在于生产供应链决策的有效性问题，即如何更好满足市场需求的问题。

我们所有生产出来的产品与服务，是否有效，最终是以市场的消费需求为判断标准。如果产品供给充足，但不受市场欢迎，严重积压，一堆废物，即所谓的产能过剩问题，这是21世纪以来中国经济面临的一大问题。计划经济时代，我们曾经面临更多的问题，又有产品严重短缺的麻烦，彼时的产品好坏已是次要问题。无论哪种情况，本质上都反映了市场供需的失衡问题。

脱离了需求为导向的供给决策，在市场经济中几乎寸步难行，只有面临被淘汰的命运。市场经济的基本前提是，市场信息越来越透明，市场竞争越来越激烈。如果供给的产品和服务不能够满足市场所需，很快就有其他主体取而代之。国内大循环也不例外，如果生产的东西不适合市场需求，除非依靠非市场力量强买强卖，中国30多个省、市的各地市场，只要放开竞争，足以快速淘汰劣质产品的供给。事实上，中国内地犹如若干"无国界"的中小国家市场，其充分竞争的潜力非常巨大。如果相关政策能够为市场竞争保驾护航，不断培育壮大市场力量，相信其"优胜劣汰"的作用机制一旦发挥得当，将是推动国内大循环经济良好运行的利器。因此，我觉得国内大循环要解决的关键问题是如何促进更为充分的市场力量和竞争机制，其中资本市场和劳动要素市场的进一步开放可能是当务之急。当然，劳动要素市场的社会化需要国家相关政策的配套改革，比如解决人们退出劳动市场后的养老金待遇在体制内外的巨大"落差"问题，使之逐步趋向发达经济体普遍实施的更为一致、公平的社会化模式。

陆铭

实现国内大循环，其实涉及的东西太多了，但是跟我的研究不是特别相关，我就不多讲了。大家经常会谈到我们一些服务业的管制，比如说能不能够放开民间办学，比如说我们现在有大量留学生到国外去留学，那么可不可以让外资的学校到国内来办学，这些管制还是比较多的。

我想这次主要谈几个结合了我自己研究的方面。因为我这次发言的主题是城乡区域发展，也跟我的研究比较紧密相关。

第一，户籍制度。我研究发现，在所有情况都一样时，一个在城市居住的外来移民，他的消费比本地城镇居民要低16%—20%，这个就是制度制约了消费的增长。

第二，我们的城市有一个低密度发展的倾向。中国的城市平均人口密度，在我们研究当中的十几年里下降了一半，这是个非常快的密度下降。我们的研究表明，服务也是依赖于密度的。那么如果人口被一些行政力量在空间分布上引导到了低密度的地区，比如说户籍制度阻碍进城，那人是留在农村的，农村服务业是少的；大城市管制人口，人口就到小城市，那密度又低了，那么在城市内部我们又做人口疏散，往郊区搬。这三个方向都是让人口往低密度地方去发展的，这就又制约了服务业，因为服务业是内需。

第三点就是土地。我一直在讲，中国存在土地和人口的空间错配。也就是说我们在相当长的时间里，在人口流入的地方，我们是限制土地供应的；在人口流出的地方，我们大量去造房子，那么这就导致什么结果呢？导致房价上升。在人口流入地，由于住房的供应跟不上，人口的增长就导致房价上升。房价上升以后，你想会导致什么结果？首先，它直接剔除消费，因为我大量的钱就用来买房子，或者储蓄去买房子。其次，有的人买得起的，他就不消费了。所以结果就是我刚才讲到消费被制约的这一种因素。

第四，公共服务。公共服务实际上最后会构成居民部门的消费。因为我们的公共服务不完全是政府出钱的，教育、医疗是最典型的。这里又出现问题了，一是我前面已经提到，但是我不想多谈的管制；二是又跟我讲的城乡区域的发展有关系了。我们现在人口流入的地方，大量的地方存在基础教育供给不足问题，比如孩子上不了学，民间办学又被管，最后教育的消费也受到制约了。再比如说房子，我们现在城市里面有廉租房、公租房制度，虽然我们也在提廉租房、公租房可以覆盖到外来人口，但是你没有完全覆盖。如果不覆盖，那么我就得自己去储蓄买房子；如果你覆盖了，我可能就不用去买房子了，我就可以大胆去消费了。而且我如果有了公租房的话，我会要去买更多的家用电器、装修，这些消费就可以上去。所以说我刚才讲的这几个方面的因素，都跟城乡和区域发展有关，其实都构成了对于消费特别是服务消费的制约，那就不利于所谓内循环的发展。

刘守英

所以很多人以为,转向内循环就是减少对国际的依赖,以内循环为主,但是你一定能内循环得起来吗?不是说回到内循环就是跟国际切断彼此之间的往来。

我们现在一定要考虑的就是所谓的内循环,这三个循环都要打通。第一个循环就是说整个生产消费流通,这些国民经济循环畅通的核心是在哪儿,核心是在经济机会,就是说我们在整个高速城市化阶段,通过原来的土地、货币、房地产这一套运作体系,使原来没有在那个循环里面享受到红利的人,能够进到我们整个国民经济的循环里面去,那这里面首先就是经济机会,有了经济机会就有收入。有了收入才有消费,有了消费我们讲的生产消费流通,整个国民经济的循环的过程才能起来。

那这里面涉及的问题在哪里,比如说农民工这个群体,我们有几亿的农民工,我们一直讲城市化,城市化非常重要的就是已经进到城市的这些人和还要进到城市的这些人,你是不是真正让他进到我们这个国民经济循环体系里面来了,还有就是城市里面的低收入群体。

就是说这一个群体如果没有纳入我们的整个经济循环体系里来的话，那整个国民经济循环是畅通不了的，因为这个是我们整个经济活动中人口规模最大的一个群体。进到城市的人群，它一定要在城市平等地享有这个经济活动的机会，这就是我们的就业。我们的就业现在看上去就是说，农民进到城市后，他是做了一些城里人不愿做，但是他们能做的这些事情。那接下来讲，就是城市本身也在升级，还有一个园区也在转型。我们整个产业在转型升级的过程中，你不要只考虑到你的先进性，还有一个很重要的就是就业特性，实际上是让更多人分享机会。第二个很重要的事情就是说这个农民的群体，进到城市以后他的基本权利。

农民在城市很重要的一点，就是他落不下，为什么落不下呢？比如说他进来之后，孩子的教育的问题，如果你不能在城市解决这些农民工子女教育的问题的话，他们就不能真正在城市落地。因为你就说你开放户口，但是他的孩子到了初中，初中读完不能参加高考，那他高中就得回去，回去就相当于我们劳动力这个循环体系是断的嘛，高中他就得转到当地去了，但实际上就是把这些人的真正城市化的这个路就给中断了嘛。

中断的话，第一是带来这些人的机会减少，第二你的整个城市的结构也会扭曲，第三个很重要的就是这些人的居住。我们现在整个农民群体在城市的居住，基本上你去看一下，就是他没有分享到城里应该享有的基本居住权。基本居住权那没有这个的话，他怎么可能在城市落下来？所以这里非常重要的就是要解决这个失衡的问题，就是要解决这些人的经济机会和基本权利。

解决这个基本经济权利以后，我们这种失衡的结构就会慢慢被打掉，就是说原来你的城市化模式就要改,你原来这个住房制度就得改,你的土地制度就得改,你的基本公共服务的分享这些制度就都得改。你的整个经济机会才能均等,经济机会均等了以后,你的整个国民经济循环才能畅通。

但是千万不要把这个循环理解成那国际不行我就往内,还有就是把循环简单地理解成一个买卖,理解为一个简单的贸易,理解为简单地就是运货,这都是错误的。

在国际的竞争中尽管有其他的经济体的这个竞争,但是在整个全球产品空间的分布里面,我们处于一个更具有比较优势的空间。所以我觉得下一步中国一定更好地利用国际循环,使我们在整个全球化进程中,中国制造业从原来的低复杂度到不断地提高比较优势,使它在整个全球产品空间中的地位往中间走。

刘元春

实现国内大循环需要解决几大问题。

第一个，就是要在思想上形成一个新共识，对于各种错误理念，要有一个很好的批判和说服。一个将要主导整个"十四五"规划、主导未来一段时期发展的基础战略必须上升到指导实践和开创政治经济学新格局的层面上。

我们要明确"双循环"的新格局、战略实施的逻辑路径。要知道哪些是必须先做的，哪些后做，哪些是短期举措，哪些是中长期的安排，不能够什么事情都往这里面装。因为现在已经出现了一些认识上的噪声、理论上的杂音，同时也出现了一些地方在行动上的抢跑动作。比如说有些人就开始谋划中国必须实行全产业链，什么东西都要做、什么东西都要布局。这种狭隘的认识很可能真的导致内卷化了。在逻辑上面，习近平总书记在最近几次的阐述里面已经进行了一系列的梳理。我觉得在战略和理论层面，还有一个很重要的核心，那就是，要与前期的高质量发展、供给侧结构性改革相对接，要以供给侧结构性改革为主，留住扩大内需的战略基点。供给侧结构性改革依然是我们实现"双循环"的战略性举措。

第二个就是我们要根据目前外部环境的变化和内部发展阶段的变化，所凸显出来的风险问题、节点问题，有一些系统性梳理、针对性举措。这里很重要的一个就是我们目前要把"六保"政策在短期内落实，因为只有保就业、保主体、保民生等这几保能够得到很好落实，才能使我们的生产分配流通消费的基本盘，以及我们的产业链供应链基本盘得到稳定，而不至于出现一些断点、堵点甚至崩溃的情况。

第三个很重要的就是我们目前的中美大国博弈，特别是核心技术攻坚战要打好，这是形成国内大循环为主体的一个关键。我们看到，由于中美技术战、人才战、贸易战带来了对核心技术、关键技术以及供应链产业链的冲击，我们必须在中短期内通过制度的显著优势，把核心技术攻坚战和产业链供应链的安全问题很好地解决。科技创新催生新发展动能，这对我们来说很重要。

第四个是"双循环"要以国内大循环为主体，那么国内的大循环存在着很多基础性的问题。比如说习近平总书记反复强调的不平衡不充分的问题，我们的全国上下一盘棋的大的统一市场的问题，比如说我们区域协调的不稳定，还有收入分配差距过大的问题。这些问题必须要以深化改革、激发新发展活力来作为它的基本解决方案。对于国内经济循环里所面临的断点、堵点，我们必须要有一个系统性的方案，让它真正焕发出第二轮的改革红利。

另外一个很重要的就是国内国际双循环相互促进。我们要以内循环为主体，主要是要通过内部的创新力的提升、配置力的提升，使中国经济参与国际合作有新的竞争优势，这是检验它的一个很重要的标准。通过内循环的稳固提升，从静态和动态的全面提升，来使中国在目前全球化发生重大变化的过程中，能够创造新的竞争力、竞争优势。这就也需要我们适应目前国际化的新格局，并采用开放的路径模式、体系，要有一个新的变革。等于说参与国际大循环，我们的制度体系、生产关系上面也要有一个新的点。就是我们不是闭关锁国，是要更高水平的开放。但是更高水平的开放，必须要关注我们的安全问题。因此我们在"一带一路"，在我们的技术合作战略上要有新的理解。

这几个方面我觉得是构建成我们打造"双循环"的很重要的要点，也是习近平总书记在这一次座谈中重点强调的方面。那么这里面我们认为有些是短期内必须要解决的，有些是我们中长期要进行谋划的，所以说这需要我们在新格局上要有充分的底层思维，同时也要让社会各界对这样的新格局的战略部署有一个新的认识，产生新的共识。

田轩

要实现国内大循环，我们需要进行一系列体制机制的改革，包括充分发掘内需潜力、完善国内产业链体系、降低综合融资成本、激发市场主体活力、推进高水平区域经济一体化等。

其中很重要的一点是，要重视科技创新，依靠自主创新突破技术"卡脖子"问题，才能畅通国内大循环而不受制于人。通过技术创新进一步促进产业升级，提升"中国制造"的技术附加值，可以对冲国内人口红利的消失和劳动力成本的上升，使中国在全球分工中占据供应链上游的主导地位。对此，我们要在制度环境、政策环境、社会环境、舆论环境等方面保障科创企业的发展，并用金融的手段为科创企业赋能。

魏建国

关于实现大循环需要解决的问题，我想有这么几项。首先我们要坚持供给侧的结构改革战略方向，因为结构性改革这一块我们还需要加大力度。其次我们要把握住扩大内需这个战略基点，战略基点怎么把握呢？就是使我们生产分配流通消费这个更多地依赖国内市场，提升我们供给体系对国内需求的适应性。

那么反过来就说，当前我们供给体系对国内的需求就是还做不到完全适应，真的做不到。我经常打个比方，不知道适当不适当，就是到馆子里面吃饭，尽管你提出来这个菜单上你想吃的这个菜，做出来的东西也是菜单上面所点的，但是它的质量是不高的，它并不是你所想象得那么好。那问题出在哪儿呢，就出在我们供给体系对需求的适配性还不够。这样子大家就比较容易理解，就是我们现在社会的主要矛盾是什么呢？就是广大人民群众对美好生活的迫切需要和我们整体的生产的不平衡不充分之间的矛盾。所以抓住这个基点，就是扩大内需要抓住生产，不仅仅是我们一般的物质生产、生活生产、资料生产，包括消费品的生产、分配、流通和消费，还有整个全生产要素的有市场调配的这一块，要依托鼓励市场，把这个东西反过来，而且把供给体系跟国内需求的适配性提高，然后达到能够需求来牵引供给。供给按照需求对着更高水平的动态平衡,这个是第一次提出来。就是形成需求牵引供给、供给创造需求,这种在发展阶段中更高水平的动态平衡。这就是衡量我们高质量发展很重要的一条标准。

夏斌

这个问题涉及的内容比较多，比较具体。其实，自 2008 年美国金融危机以来，我国政府持续地调整政策，国民经济已经在向以国内大循环为主体转变了，国内需求对经济增长的贡献率有 7 个年份超过 100%。发展的重点实际上已经在内需上了。现在要理解实现大循环要解决哪些问题这一提问，我认为首先要从三个角度进行解释：一是不能把国内和国际大循环分开分析，因为不能解决好国内国际之间的循环问题，也就不能很好解决国内的循环问题。原因是已经全球化的中国，在供应链、国际资金融通、国际资本往来等方面，与全球已息息相关、互相影响。二是什么叫解决好大循环问题？我理解就其实质而言，就是使得中国经济能够有效率、高质量、可持续地发展，即使国民经济保持良性的循环。从可比较、可计量操作角度看，简单说，这个问题可转化为 GDP 的持续增长问题。三是如果就此理解，那么回到 GDP 的质量与速度这个角度来思考大循环问题，就比较容易说清楚了。GDP 的形成按支出法分析，由消费、投资加净出口组成。那么当前形势下如何做好消费、投资、出口三方面工作？应该以问题为导向，如果能解决国民经济高质量、可持续循环中的问题，或者能消除消费、投资、净出口良性循环中的"梗阻"现象，就是解决了高质量大循环中所需解决的问题。下面就此角度谈 10 个问题。

就消费而言，怎么进一步扩大消费？谈两项问题。

（1）要扩大消费，需要解决居民的后顾之忧。大家都了解，有些居民不是不想消费，而是有后顾之忧，有钱不敢消费。因此要扩大其消费，必须解决好后顾之忧。比如养老问题，城镇居民的养老前景太不确定，不少老人攒钱不敢花。农村有1亿农民没有养老保险。有养老保险的，60岁以后最多一年才拿到三四百块钱。农村有新农合医疗，但解决不了大问题，一场大病就返贫。教育方面，农村留守儿童几千万，就学率有多少？城市中学生各种课外班，大笔开支使得中产阶层"亚历山大"。在住房上，农民工在外面干了大半辈子积累的钱，在北上广深根本买不起房，到三四线城市安置一套房子，要积攒多少年？等等。所以实际上大多数城乡居民不是不愿消费，而是有后顾之忧。要让大家有钱敢消费，必须在教育、医疗、养老、住房等制度上深化改革，有的要提高民生保障标准。而这方面的制度改革，改到最后，难点是谁掏钱的问题，这就又涉及中央和地方的财政税收管理体制等问题。

（2）要进一步扩大消费，必须提高收入水平。很简单，百姓不是不想消费，而是没有更多的钱去扩大消费，怎么提高？就全国而言，国家提出"控高、扩中、提低"，但这是个慢功夫。当前中小微企业生存压力大，就业困难，总体居民收入不是提高，反而是在下降。

特别是"控高"与"扩中"，有什么好办法？这涉及收入分配制度的进一步改革。在农村，靠务农是赚不了钱的，或者是赚不了多少钱的，有的地方还存在种地亏损现象。而近一二十年城市化中，从北到南，北上广深，全国各地中等以上城市都建得非常漂亮，非常"高大上"。那么在土地市场化中，卖地的收益农民拿了多少？数据表明，农民才拿到5%—10%。村镇集体一般是在25%—30%，各级政府却拿走了60%—70%，大头政府拿走了。下一步要让中国农民真正富起来，靠务农很难，能不能在卖地收益分配方面加快改革步伐。今年1月1日《土地管理法》实施。对农民这块土地卖出收益怎么分法没明确规定。我认为在今后几年间为了把这个大循环真正解决好，让老百姓的生活水平真正提高，特别是让农民的收入上一个台阶，必须在土地卖地收益中更多的让利给农民，不仅要向农村农业倾斜，更要直接向农民倾斜，这是从可持续大循环高度的思考，也是我国未来一项重大的制度改革红利。

从投资角度，有4件事直接涉及大循环能否得到最后的保障。

（1）关于国企改革。最近看了社科院一个报告，说我们国有企业的国有资产有近300万亿元，如果包括未开发的资源性资产，高达近500万亿元。全国银行的贷款中，对民企的贷款仅占国企贷款的一半。但是同时，大家耳熟能详的是民企"五六七八九"的贡献——全国税收50%是民企创造的，60%的GDP是民企创的，70%的创新是民企干的，80%的就业是民企在提供，新增就业的90%是民企在提供。国企占了如此巨额资产和巨额的金融资源，其产出效益、社会贡献怎么没法和民企相比？要实现良性大循环，解决好投资问题是一大关键。中国是个高储蓄率国家，高达40%多，美国今年2020年第一季度居民储蓄率才2.7%，对于我国经济发展来说，要维持一个好的经济大循环，资金根本不缺，关键是市场资源配置不当、资金运用效率不高。那么如何提高全国的投资效率？关键是国企。占了那么多资源的国企如何改革？核心是委托代理、代理人制度问题，即如何解决好国企负责人的激励机制问题。我认为，作为共产党员的初心，就是要为人民服务，作为企业家的初心，就是要想赚钱。国企的董事长、总经理既是企业家又是共产党员，矛盾吗？我认为不矛盾。为人民服务和为国有资产赚钱，理论上是可以统一的。国有资产多赚的钱，国家可以通过合理的再分配造福于人民，为人民服务。关键是如何平衡好两者关系，解决好国企负责人的激励问题，这是核心问题。这个问题不解决好，会直接产生大循环中的"坏投资""投资梗阻"现象。

（2）关于供应链补短板问题。面对当前美国反华的国际环境，大家都明白，要维持经济正常循环，我们生产链供应链中的短板应该想尽办法补上。如何尽快补？核心问题又指向创新机制改革，指向改革。怎么把广大有创新能力的科技领域知识分子的积极性真正调动起来，不要再出现学成回国的科学家又想离国的现象。国家在创新方面投了大量的钱，现在要解决的是如何把钱用到刀刃上？这是解决好大循环的当务之急。

（3）稳住房市。可能有人不赞成我在阐述大循环的投资问题时又涉及此事，而且也不同意我始终一贯的关于房市的观点，但我还是要说：讲大循环，要讲稳住房市。十几年来房地产市场实际上已积累了不少泡沫，但是，现在又不宜一下子破，要慢慢消化，因此得稳住房市，目的是让更多的资金进入实体经济去，同时守住系统性风险不暴发的底线。在此，不讨论房市是不是实体经济这个问题。就国民经济资金循环这一宏观视角而言，我们不能再引导居民把更多的钱投向房地产，把房子当作股票资产那样去炒了，而是要集中更多的资金扩大实体经济的投资。

（4）政府管理体制的改革。用经济学理论讲，就是如何处理好政府与市场的边界问题,这个问题迄今并没有解决好。包括民企的利益保护,知识产权保护问题,等等。这里有一大堆看似已解决实际未解决的问题。特别是民企的利益不能得到很好保护,民企的积极性不能充分发挥出来,我国的投资效率和投资水平就不可能提高,国民经济不可能实现可持续的良性大循环。

从外需角度,也谈4个问题。

在当前复杂的国际环境下,在对外经贸问题上,方向性、原则性的问题,大家意见容易统一,当前重要的是博弈策略的差异。在此方面,应该要团结一切愿意和中国合作的国家和地区发展经贸投资关系,哪怕政治上、观点上、立场上不一样都没关系,只要愿与我们合作的,应以经贸为重、投资为重、经济为重,想尽办法与对方搞好关系。习近平总书记最近说:"凡是愿意同我们合作的国家、地区和企业,包括美国的州、地方和企业,我们都要积极开展合作。"

(1)用中国的语言讲,很简单,即利用好"五眼联盟"的裂缝,分而治之。尽可能把政治与经济分开,做好相关国的经贸投资关系。我说是尽可能分开,当然有些事是分不开的。对侵害中国主权底线的,侵害国家长远利益底线的,当然毫不妥协。但是在不妥协中同样可以讲究博弈策略,有时候可以先退一步,再进两步,有的在外交上坚持原则,在经贸生意上可灵活处理,等等,反正要讲究博弈策略,不追求形式上的取胜。

(2)按照"三零"政策(零关税、零壁垒、零补贴)方向,尽可能与欧盟、日本、东盟,以及非洲、拉美积极谈判。按"三零"方向并不是马上按"三零"

办。应尽可能去寻找、发展经贸合作伙伴。我们应该把眼光放长远些,按照市场经济规则,能妥协的则妥协,让更多的欧盟、日本等国家和地区,让全世界走市场经济的国家,真正对我们放心,相信中国是遵守国际游戏规则的,是走市场规则道路的。我们必须有这样的胸怀,才能真正实现国内国际相互促进的、高质量的大循环,否则,闭关锁国自己玩,只能死胡同一条。高质量的大循环,要完全拥抱全球化,重要的是要让人家愿意拥抱你,你就要拿出对方能接受的诚意。这个过程肯定对国内某些行业、企业带来压力,但会逼着我们的企业升级换代,以国际循环来促进国内循环,倒逼改革加快进程。

(3)要总结好经验与教训,继续实施"一带一路"战略。"一带一路"战略对我们国内国际双循环相互促进的作用日益增大。在此方面,我们有很多经验,但不应回避,我们也有不少教训。进一步扩大对外开放,进一步扩大经贸关系,这是我们主动而为的一条道路。因此,忠言逆耳,多总结些教训,有百利而无一弊。

(4)人民币国际化是我们的战略方向,但当前要讲究策略。讲策略有很多方面。在此想重点指出,我们应该支持欧元体系的发展,支持非洲货币联盟等的发展,包括鼓励我们的企业在境外用欧元支付结算。一定要把眼光放远、要自信,人民币国际化道路是会越走越宽广的,但是在当下,或许我们应该同时支持鼓励欧元体系的发展。在全球国际货币储备中,人民币目前占比很少很少,不到2%,在世界上,主要还是欧元和美元可以一拼。在国际支付清算中人民币地位同样如此,从我们自身看发展很快,从全球支付清算的绝对额看,我们还差老远老远,所以我们脑子一定要清醒,人民币国际化是战略、是方向,当前的策略之一，应该支持欧元体系、支持其他货币的发展，去进一步推动多极化的货币体系，以减弱美元霸权的负面影响。我在 2010 年写的《中国金融战略：2020》这本书中曾指出，尽管当前是美元为主，但美元的地位在慢慢下降，今后国际货币体系肯定是个战国时代，是多极化的时代。我们应该看到这个历史趋势。顺势而为去推动，对人民币国际化问题不要太高调。相反，对今后 10 年、20 年路怎么走，要未雨绸缪，要有前后步骤的策略安排。

以上是从消费、投资、出口三个角度理解如何做好大循环，提纲挈领地谈了 10 个问题或 10 项任务。大循环绝不是一句空洞的口号。如果是以问题为导向，要搞好大循环，那么问题还是那些问题。而要解决这些问题，得靠制度改革。只有创新制度供给，才能确保良性的大循环。至于有人提到大循环要抓城镇化，我始终认为，城镇化不是简单的户籍问题，城镇化不是搞房地产业。有质量的城镇化，是人的城镇化，关键是要解决农民工转市民的民生保障制度改革问题，是民生保障、卖地收益分配等一系列制度改革的演化结果。城镇化是结果，而不是手段。做好大循环工作，唯一的手段是改革，核心问题是改革。

姚洋

这个我只能猜想,因为具体内容还没有出来。[①] 一个是我刚刚说的国内需求的问题,就是我们怎么在国内消化我们的产能。以前我们说"走出去",那现在可能更多的要在国内消化。最近国务院常务会议又提出来要搞劳动密集型产业,这是多少年不提了,又要重新提。我们至少要挖掘中西部地区的潜力,也许它们还有一些潜力能消化一些产能。这是在投资方面。

在需求方面呢,我个人觉得需要挖掘低收入人群的消费潜力。较低收入者的消费潜力还在。当初拼多多刚出来的时候,大家都觉得,拼多多怎么可能成功呢,但是它就成功了。因为它看准了广大的三四线城市,甚至十八线乡村的消费潜力。说明我们至少还有四五亿人的消费还有待升级,这还是有潜力可挖的,他们的收入也是可以进一步提高的。

那怎么去提高他们的收入水平、鼓励他们多消费呢?首先就是城市化,我觉得未来 10 年我们的城市化应该加速。看 2035 年能不能让我们的城市化达到 80%,这样我们每年就是要增加大概 1.2 个百分点,就比过去这 40 年要高一些。

---

① 采访时间为2020年8月20日。

其次，可以做的就是要完善社保体系，实现全民社保，即城市和农村一体化的社保。因为我们的目标是 2035 年基本实现社会主义现代化，一个国家说自己全面实现现代化但你没有全民社保，这显然是说不过去的。那么怎么实现 2035 年的全民社保？怎么在国家和个人之间分担成本？这是一个挑战。我的建议是实施分级、分档的社保，比如分五个等级，让企业、职工和个人选择。

最后，是完善临时性低收入人群的保障工作。我们现在有低保，这是制度化的，这是面对那些长期贫困的人。但是像这次疫情来了，那些短期贫困的人，数额是很大的，可能是上亿的人，但我们没有任何机制来救助他们。所以之后 15 年我们还得完善这方面的机制，因为这样也可以刺激消费。我们可以发现自从疫情暴发以来，我们的储蓄率是上去了，而不是下来了。老百姓不消费了，那就是因为他对前景感到不明朗，那就是说明社会保障没到家嘛。所以扩大社会保障覆盖率，这样可以刺激大家消费。这是国内需求方面。

在金融领域，也要做一些事情，我们以前是鼓励对外投资，恐怕以后我们就要鼓励在国内投资了，因为国内还是缺资金。以前我们到国外投资一个很重要的目的，就是提升自己的技术。现在发达国家管得越来越严了，那我们在国内自己搞技术，投资可能就要更多地集中在国内了。

再有就是技术领域，美国即使是拜登上台，对中国的技术封锁也不可能减轻。他可能会把实体清单撤掉，允许卖芯片给中国企业，但是绝对不会允许你轻易获得技术。在这种情况下，中国得靠自己创造技术。在一些关键领域，比如芯片领域，中国极有可能需要建立自己全产业链的生产能力。

这些都是我的猜测，政府是否这么做，还要等十九届五中全会之后。但是这样做的度就比较难把握。做了这些事情之后，国外会不会变得更加紧张。现在中国如果这样去做呢，等于坐实了人家的猜测，极有可能对中国的封锁就更加严密了。所以这个以国内循环为主，两个循环互动，怎么互动、这个度把握在哪，我觉得这需要政治智慧。而且怎么去宣传这个国内循环、怎么去做，我觉得也需要大智慧。

03

主题三

如何应对目前的
国际形势

Respond to the
Current International Situation

管涛

中美脱钩，是当前逆全球化浪潮的一股暗流，是美方关于大国零和甚至负和博弈思想在经济领域的反映。但迄今为止，总体上，美方说的比做的多，或者是说起来容易做起来难。

二战后这个全球化经济治理体系是美国主导建立的，但现在南北力量对比发生此消彼长的变化，在有些方面，美国已力不从心，自己不甚满意。同时，主要体现发达国家意志的全球治理也缺乏代表性，需要全球化的新形势、新变化。

另一个是 2008 年全球金融危机后，世界经济进入无增长复苏的"新平庸"时代。而低利率、宽流动性催生的财富效应，进一步加剧了收入不平等和社会两极分化，全球民粹主义卷土重来，贸易投资保护主义重新开始抬头。在此背景下，一些大国频频制造摩擦或者退群，不断加剧全球贸易紧张局势。

再一个是今年新冠肺炎疫情的突然暴发造成了全球产业链供应链中断的风险，引起了大家对经济全球化的再思考。过去，全球化更多强调效率，按照成本最小化、收益最大化原则全球布局。现在还要考虑经济安全，需要牺牲一些效率，对全球产业链、供应链进行重构。

但也要看到，战后全球经济金融一体化，实际上已经形成了你中有我、我中有你的这种格局。经济脱不脱钩，不取决于政客的言论和政府的政策，而是取决于经济利益的联系。而且，有理由相信，疫情不至于会让有些国家重新回到计划经济、资本管制时代。

如前所述，扩大内需，不是说要搞闭关锁国、自循环，而是要搞开放的"双循环"，令扩大内需惠及全世界。近年来，中国加快了对外开放的进程，特别是在金融开放方面有很多新的举措，既有金融服务业的进一步开放，也有更高层次的金融市场和产品的开放。

与之对应的是，尽管有些大国对中国频繁制造各种摩擦，但外资机构仍在积极加仓中国资产或加快进入中国市场。最近，美国智库的研究报告说，2018年摩擦升级以后，中美金融联系反而更加紧密了，越来越多的美资金融机构包括财富管理机构在积极地进入中国市场。美国大投行的调查也显示，由于中国疫情防控出色，经济率先复苏，展现了较好的产业韧性、消费韧性，美国跨国公司仍然把中国作为投资热土。所以说，是不是脱钩不取决于政客的政治议程，更多取决于中国自己的经济表现，以及开放政策。

贺铿

我认为"中美争议"本质上是制度、道路问题。或者说,是意识形态问题。

"贸易战"对中美贸易额和顺差都会有一定影响。但是中美贸易不可能脱钩或中断,贸易额也不会大幅度下降。因为贸易战是美国政客在打,贸易是美国商人在做。政客与商人的利益是不一致的。

"科技战"对中国短期会有负面影响,甚至影响比较大。但是从长远看,影响是正面的,会激发我们奋发图强的精神。像20世纪中苏关系破裂时那样,我们会依靠自己的努力,建成一个强大的现代化的国民经济体系。

"金融战"我估计对中国香港的国际金融中心地位会有较大影响。但是,对国家金融总体上不会有太大影响。相反,会促进我国加快人民币国际化和数字化改革进程。

"外交战"和"逆中国化"是美国的舆论造势,我们应该沉着应对,不急不躁,做到有礼、有利、有节。我认为,我们在外交方针上应该做一些调整。对美国要"冷";对东盟、欧盟要"热";对邻国要"和";对"一带一路"

国家要"亲"。要坚持"不称霸""不当头",努力把自己国内的事情做好。

外交方针上我们应该很冷静地想一想,做些调整,我提出了几个字:对美国呢你不要跟它一对一,要冷静。它怎么跳呢你也要按捺得住,不要你来一下我就回你一下,我把这个特朗普呢看成一个调皮的小孩,他乱哭乱闹,你越哄他,他跳得越高。你干脆一个小时不理他,到时候他就跳不起来了,所以对美国要"冷"。

对于东盟、欧盟,这一共是38个国家,现在呢我们也不要你来我去的这样,我们对他们要热,因为这38个国家,我个人的体会,这些国家许多领导人、议会的议员们对中国还是很友好的,他们在经济发展过程当中,对中国也是很看好的,也是很支持的。而这38个国家呢,应该说都是发达国家和比较发达国家,有许多东西值得我们学习,所以说对东盟、欧盟这38个国家,我们要热情。尽管他们有的也说了一些不中听的话,我们要化解这些矛盾,这是热。而对我们周围的这些国家和地区,包括印度、俄罗斯、朝鲜、日本、韩国等,对于这些国家呢我们要"和",和平的和。中国不是有一句话嘛,叫远亲不如近邻,近邻你就要把这个争取相处得很和平。

所以说跟周边的国家,我们尽量要化解矛盾。邓小平同志过去有一句话,我觉得讲得还是挺好的,有一些问题,看起来很原则,今天解决不了关于领土的问题,我们可以先共同开发,我们今天的人智慧不够,留着以后慢慢来解决嘛,也可能后面的人智慧比我们高嘛。邓小平同志他是把一些问题想得很深的,所以我们不能把一些问题看得那么窄。当然,领土我们是一寸也不能丢的,像普京说的一样,我俄罗斯很大,但是一寸多的都没有。中国也是这样,但是有的问题，要想办法化解一下，所以说周边这个环境要做到"和"。

还有上合组织和"一带一路"这些国家，几十个国家，包括非洲，这些国家对我们是很友好的，当然有些国家比较穷、比较落后，我们也没有富几天，我们有些人就有一点儿大国沙文主义这个态度，非洲的黑人怎么怎么了，这个怎么了，花了多少钱了。当然我们外交上钱总归是要花一点儿，团结这些穷朋友，哪能不花点儿钱？毛主席那个时候也花了一些钱，不花些钱也不好办，所以这个呢也应该有个理解，我们要"亲"。另外人家在许多问题上是支持我们的，现在这些国家还是支持我们的嘛，没有这些人，你不是树敌更多吗？所以呢一个是"热"，一个是"和"，一个是"亲"，要坚持这样一个办法。

我们应该向周总理和陈毅等老一辈的外交家学习，人家怎么在新中国刚刚成立的那么艰难的环境之下，开辟这个外交天地的，就是和平共处五项原则嘛，万隆会议。这些东西我们不能忘记，所以说外交这个方面呢，我总觉得我们要很好地冷静地研究一些问题，然后我们怎么来协调各个方面的关系。

李稻葵

中美关系用脱钩也好，用继续合作也好，这些描述都过于简单了。我倒倾向于认为，未来是一个深度博弈的时代，是极其复杂的博弈。

在某些领域，美国人肯定会继续升级来打压中国，尤其是科技方面，比如说人工智能、生物制药方面，一定会打压的。像华为这种事情还会发生，但是在其他方面可能还会有合作。它是一个波动的、深度博弈的过程，不能简单地用脱钩和不脱钩来分析。因为中美今天的关系和当年美苏的关系完全不一样。中美这两个国家的经济、社会和科技之间的交往太多了。举最简单的例子，就是我们的科技人员。中国现在的科技和二战结束时的科技不一样了，二战结束的时候是靠天才，靠几个爱因斯坦、费米，就把原子弹搞出来了，但现在的科技是人海战术。今天的科技，我有时候开玩笑说，是做饭的技术，是一种实验科学，是千军万马一块儿反复做饭，看谁做得好，这是反复尝试的结果。所以中国每年培养的将近400万名工程和自然科学的人才，这个资源美国人也不会放弃的。所以他以后可能会对我们顶尖的科学家从美国回到中国严加防范，也对我们的顶尖科学家、科技公司到美国去访问严加防范。但是我相信美国人不会控制留学生。清华的这些本科毕业生到美国的麻省理工学院（MIT），是去做基础研究的。没有这些中国学生，美国的很多科学发现都会被拖后腿的。我们一年工科的毕业生是印度、韩国、日本、美国和欧洲之和。所以以后是你中有我，我中有你。

同时这个博弈也是极其波动的。我认为最艰苦、最麻烦的是美国总统大选前后的 100 天[1]，美国进入大选，特朗普选情告急。就算选举出了结果，如果对特朗普不利，他还可能有所动作。特朗普可能不认这个选举结果，很可能还会闹到最高法院，这是史无前例的。所以一碰到美国的竞选，双方都很可能拿中国说事。而且美国的"幕后国务院"，或者说"深层外交部"，这个 deep state，深不可测。美国的外交部、国防部，他们有一帮职业的官僚，你搞不懂他们的想法，他们和政治家的想法又可能不一样，可能会浑水摸鱼，甚至制造混乱。

拿我个人的一些经历来说，1997 年我在美国斯坦福大学的胡佛研究所做了一年研究。当时我就发现，胡佛研究所每年请来做研究的这些学者都有来自国防部、外交部的，而且那时候的研究选题不约而同都是中国。当时中国还没加入 WTO 呢，但是那些人已经意识到，他们的职业生涯，一定是要建立在对中国的政策基础之上的。他们一定是要在对中国的政策上做文章，才能够得到个人的职业发展。

大选前后的 100 天是非常复杂的，讲得大一点的话，现在我们已经进入到民族复兴的最关键的 10 年。因为未来这 10 年，我们所面临的国际环境，可能是从来没有那么复杂过。未来若干年，国际上各种各样的势力，都有一种焦虑感。他们都认为，时间来不及了，要对中国干点儿事，再晚就不行了。

---

[1] 采访时间为 2020 年 8 月 22 日。

刘国恩

中美脱钩这个事，是个很复杂的重大议题，三两句话说不明白。就新冠疫情这个具体问题，我们双方其实都有共识，就是说这是一个科学问题。既然都认为是科学问题，那么就应该有科学的态度。因为科学问题关系人类的共同命运，应该超越国界，建立互信，携手协作进行解决。信息社会，协作科研的关键是信息透明与数据交换，并共同遵守风险承担和利益分享的相应规则。如果双方能在互信原则和实际行动上言行一致，积极开放和共享相关数据，两国的合作共赢才可能向好的方向发展。

因此，脱不脱钩，在很大程度上取决于两国在包括国际政治、经济贸易和新冠疫情等很多重大问题上，能否有进有退、达成共识，更重要的是落实在积极的行动上，才可能逐步建立互信。当然，如何付诸行动，要想两国采取绝对同步和完全对等的步骤恐怕很难。就像两个人的关系，搞坏了之后要修复，总得有一方积极地先行一步，承担更多的担当和风险，才可能使对方建立信任，从而促使对方向前迈进。总之，我觉得脱不脱钩根本上取决于双方如何建立互信，以及是否采取有利于改善关系的友善行动。

陆铭

中美的脱钩在一定程度上正在发生,比如说在经贸领域、技术领域、跨国企业,比如说把有一些在中国设的厂搬离中国本土,甚至比如在留学领域、在一些软件的使用上都出现了中美脱钩的现象。

第一,我觉得这个趋势在发生,但我在悲观中有乐观。我特别强调是悲观中的乐观,因为我觉得也不要把这个事情想得太夸大。比如说它现在不是断供华为吗?但它没有断供小米呀。

第二,跨国公司比如说中国的字节跳动跑到美国去,他说我就要变成一个美资公司;那你想也会有美国企业,接下来可能会为了中国的市场,把自己变成一个中国本土企业。资本是逐利的,当你存在政治的因素导致出现脱钩的时候,资本的力量会有一个趋利性。

第三,有一些领域的脱钩超出当下的想象,比如说技术领域。技术领域的专利,现在已经是你引用我、我引用你,包括华为的很多专利,它既引用了别人的专利,别人也用华为的专利。那么技术领域如何脱钩?我觉得是超出我们的想象的。在这个方面我觉得是悲观的,但不要那么悲观。

那么如何应对？现在官方的说法就是我们要做好准备，要做最坏的打算，但是我们又不停止开放，然后我们在关键技术领域要去突破瓶颈；国际市场如果不是那么顺畅了，我们就启动内需，所谓国内大循环国际大循环的此消彼长。

但是我的想法是这样，我接受另外一家媒体采访的时候说了一段话，我说我在中美关系这样的问题上，是一个非专业学者，但是在这些问题上也不妨听听非专业学者的看法。为什么呢？因为专业学者就跟你讲，比如说前面我们讲大家都知道的那些事，比如说恶化，我们在技术方面要创新，我们"双循环"启动等。我的意思是说我们能不能跳出来一点儿？我们能不能走出一种新的应对的思路，比如说美国有政客在利用这个东西，通过树立跟中国的矛盾来获取选票，但我们国家就没有这个问题。既然他是比烂，我们就不比呗。你如果说要跟中国脱钩，我就跟国际社会说我不想脱钩，我是要维持全球化的；别人如果说你的市场经济跟我们不一样，我们就说我们要构建的是具有一般性质的市场经济。但你也得承认我的特色，我有不同的历史、不同的文化、不同的政治制度，就像美国的市场经济和日本、意大利、法国的市场经济，跟英国市场经济都不一样。

在文化上，我们要讲，你们觉得文化在冲突，但是我觉得文明是互补的。你的制度和文化有你的优点，那么我来学，但是你也有你的缺点。就像这次防疫就凸显出了美国的自由主义、个人主义的这种传统在防疫这样的事情上来讲，可能有它的缺陷。所以不同的体制之间，不要绝对地去讲谁比谁更好，或者谁要战胜谁，而应该更加强调文明是互补的，是可以相互学习和借鉴的。越是别人说你不好，你就要做得比别人更好，来做给他看；别人越是觉得你特殊，你越是要告诉他，我的特殊只是因为我的传统不一样，但是我跟你是有一样的地方的，这样就可以走向对话和合作。下一个阶段，中国经济体量马上会达到第一，我们在参与全球化规则的制定、积极推进全球的全球化，还有人类命运共同体的构建中，要不要把这些东西建立在全球的市场经济统一的规则，全球的经济秩序共识性的原则基础之上？如果我们对这两个问题回答是的，我们应该自信地把这些原则讲出来，并且说我就要这样去做。别人越怀疑你，你越讲；别人越不做，你越说我要去做。我觉得这就是一个泱泱大国，有个几千年文明历史的泱泱大国应该摆出的姿态。

我之前接受采访时，记者问道："中国现在是不是软实力和话语权不足？"我认为不是软实力、话语权的问题。你可以设想一下，如果我们哪一天软实力、话语权强了，但是让别人觉得你是不一样的，这样的一个未来，到底是会面临更剧烈的冲突和对抗，还是更加缓解？我希望大家共同来思考这样的问题。我是非专业学者，但是我觉得我们这种普通人的想法，在当下还是有点儿价值的。

刘守英

中美的问题很重要的一点就是说，我们也没想到，人家也没想到。还是跟循环有关，就是说我们整个开放以后，我们开放的过程，美国人最初想到了吗？美国人不会想到今天，我们也没想到会形成中美两个大国的这种格局。因为我印象很深的就是我们改革开放刚开始的时候，我记得大概是20世纪90年代前后，中信当时请米尔顿·弗里德曼（Milton Friedman）来，我是去了的，当时中国有一个研究改革的经济学者叫童大林，他就提过这个问题，他说那未来中美两个国家如果成为世界上最有影响力的两个经济大国的话会是怎么样。当时在我们看来根本就是天方夜谭，连饭菜都刚吃饱，整个中美这个差距有多大。

但现在这个状态，第一个就是说，从格局上来讲，中国这么多的制造业产品对整个美国铁锈地带（传统工业衰退的地区）的冲击。这些原来美国制造业的基地的确就是美国的票仓之一，就是它的选举很大的是靠这个地带。而我们的东西，跟当初日本的产品进到美国是不一样的，我们的体量规模太大了，最初是日用品，最后差不多像电子产品等各种类型的产品都是我们制造的。我们制造的产品复杂度不断在提高，那我们的成本优势，当然包括我们当时改革以后的体制的优势等，这些实际上造成美国原来制造业地区大量的失业，带来大量的贫富差距的问题，带来民粹的问题，但最直接的就是带来它的政治问题，选举上的问题。

所以说，中美的这个结构的失衡很重要的一个原因是美国自己要提高它的竞争力。他们不光是面临中国的竞争，可能越南也跟它竞争，全球其他地方也会跟它竞争，贸易的这种格局，实际上背后是两个国家成本的比较。所以我觉得中国在接下来的制造这一块，跟美国之间这个冲突是会减低的，因为原来直接冲击它这个传统制造的，并不是单纯是我们。

所以我们中国为了真正去竞争，产品复杂度要更加提高，技术和科技是核心。在中国转型升级过程中不断得到提高的竞争力，与美国现有的优势的竞争力之间的竞争，这是核心。就是说在整个中国跟美国之间的这种成本结构会有变化，我觉得这个冲突会降低第一个是通过政治手段，第二更重要的就是科技。

在科技的竞争上，中国还是要加强国际的合作。我们现在完全靠自己来做这些科技的创新的话，实际上是有难度的。而且我们有过历史经验教训，像中关村这一条线，我们买了多少全球最尖端的设备。科技创新很重要的，第一个就是一定要在国际的交流中来提升能力。科技的专业、科技的知识是不能中断的。第二个就是要有创新的环境，科技创新要有创新的环境。没有这种创新的环境，投再多的钱，给再多的这个首席那个首席也没用的。核心就是，它有不断地试错，需要有最新的知识，需要有不断的交流，需要有应用，美国人对我们这一块肯定是要卡住的。

所以中美的问题，现在回到中美原来的环境是不可能的了，我们已经在一个更高层面的短兵相接的竞争中来相处了，但也不可能去脱钩。脱钩你想，假设很简单的一点，如果美国选择跟中国脱钩，它的成本是什么？它也是有成本的。所以说我觉得这里面需要有很多的智慧，很多的平衡，很多得失的计算。最后当然还有一个就是我们自己要把自己做得更好。这也不是一个短期的事情，我们应该是要做好一个长期的平衡，找到一种相处之道。

刘元春

从目前的发展态势来讲，中美局部脱钩的概率是必然存在的。但是从历史发展的趋势和全球化构建的逻辑来看，中美是不可能出现完全脱钩的，我们必须要看到这一点。在这个问题上，不能简单化。我们不能简单地认为中美会完全脱钩，步入美苏的冷战格局当中，但也不能够简单地掉以轻心，认为我们在过去几十年构建的以新自由主义为基础的单一的全球化还会延续。我们必须要看到全球化不可能终结，但必定会做出大调整。那么中国一方面要适应这样的调整，同时要引领这样的调整。在这个过程中，我们应对这样的一个"脱钩"，很重要的就是要稳住中国国内大循环的基本盘。因为只有稳住我们的基本盘，才能稳定我们的国际战略竞争力，才能够使我们经贸的压舱石在国际市场上的地位不发生变化。这是第一点。

第二个就是我们必须要突破美国对中国的这种极限施压、全面遏制的做法，使美国战略不能产生立竿见影的效果，我们要进一步地以开放来应对美国的孤立主义、单边主义和霸权主义，那么我们就要跟所有愿意和我们做贸易往来的经济主体和国家开辟新的开放合作的新局面，这个很重要。因此我们要进一步强化"一带一路"的战略深化，进一步地强化区域性的多边合作。

第三个就是我们必须要在未来的几年实现关键技术的突破。同时我们要在"十四五"期间快速复苏的基础上,有一个持续的中高速增长,使我们能够稳定地跨越中等收入陷阱,从而使中美之间的大国关系发生质的变化。因为我们现在的GDP是它的60%多,如果那个时候我们能接近它的80%,那么这个大国博弈的模式就会从传统的不对称向对称的模式进行演变,我们就会度过这样的一个窗口期。

滕泰

首先谈谈美国经济增长的不平衡。第一个比较明显的不平衡，就是美国制造业和服务业产业结构的不平衡。美国的制造业目前占它 GDP 的比重只有 11%，而服务业占比高达 79%，除了制造业和服务业之外，还有少量的农业、建筑业和采掘业，等等。这么大的服务业和制造业的占比差异，就决定了美国这个国家的经济上，必然是有巨大的经常项目（商品贸易）逆差，同时也必然有比较大的服务贸易顺差。这个巨大的经常项目逆差和服务贸易顺差，实际上是由美国自身的产业结构构成所决定的，即便它不进口中国的货物，它也要进口墨西哥和其他国家的货物，所以说，这样的一种产业结构的不平衡，就决定了它有发动贸易战的借口。

其实从美国的比较优势来看或从全球的福利来看的话，美国进口制造业产品、出口服务是一种比较合理的国际分工。每个国家如果充分发挥它的比较优势，那么贸易会促进总体利益最大化。但是，总体利益最大化具体到不同的人群，可能影响就不一样。比如说制造业如果外迁得比较严重，那么制造业的产业工人就业机会确实就减少了。

假如特朗普有能力改变这样的一个美国的产业结构，或者认可这样的国际分工，就没有必要发动贸易战；但如果既无能力改变，恰恰又希望将此当作发动贸易战的理由，那就造成了过去几年美国不断地跟各国增加贸易摩擦的原因——这其实是美国国内经济不平衡性所决定的。

美国经济的第二个不平衡，就是它的经济增长在具体产业、区域、人口分布上的不平衡。从2008年以来，美国的经济增长其实总体是不错的，但是主要是集中在比如说加州的硅谷、西雅图，或者纽约、新泽西、波士顿等这些地区的一些新兴产业，主要是电子信息产业、传媒产业、文化娱乐产业、金融产业、创新药这样一些产业。也就是说，美国过去10多年的经济增长，是由少数地区、产业驱动的增长，而中部的传统制造业、传统服务业比较集中的一些区域，没有享受到足够多的新经济增长的就业或者收入增加效应。也就是因为如此，我们看到过去这些年，美国的中等收入群体，中产阶级占比已经从高峰的70%以上，逐步回落到50%。也就是说，在过去10多年的经济增长当中，少数地区、少数产业、少数人口更多地享受了美国经济增长带来的成果，而70%—80%的失落的大多数，在新经济主导的增长中受益是不够的。也就是因为上述原因，靠制造分化、煽动分裂，获得失落的多数人的支持，特朗普在4年前成功地当选为美国的总统。现在马上就到11月美国大选了，很多人都在做预测，到底是特朗普赢，还是民主党的拜登赢。但这不仅仅是喜欢或者是支持特朗普还是拜登的问题，而是美国各个不同的地区、产业、阶层的人口，决定继续选择分裂、分化、单边主义、逆全球化，还是选择重新回到包容、多元化、全球化的道路上。另外，我们就来看看美国的这种不平衡性，造成的对内利用分化、制造分裂，对外单边主义、贸易保护主义、逆全球化的政策，会如何影响中美关系。中美关系肯定由双边来决定，但在双边的关系当中，真正起主动和主导作用的，实际上是美方。很大程度上是美方的国内政治需要决定了其对中国的政策，而中国对此有一定主动权，但主要是应对。

在这种情况下，不论是特朗普当选，还是拜登当选，有4个中美关系的粗浅判断供大家参考：第一，大选后贸易战会有所降温。如果拜登当选的话，他已经明确表示会取消特朗普搞的这些关税政策，他认为这些关税最后都是美国消费者来承担，所以是没有意义的，任何一个拥护自由贸易主义或者全球化的人来看都能够认识到这一点，所以如果拜登当选，毫无疑问贸易战会降温。而且拜登当选的概率在我看来还是比较大的，哪怕他比较平庸，但这个阶段也许美国更需要一个平庸的领导人而不是继续折腾的领导人。假设特朗普当选，贸易战也会有所降温。因为这几年他该使的手段也使得差不多了，对贸易伙伴该榨的东西也榨出来了，榨不出来再榨也没有用了。所以我觉得大选以后，不论是拜登当选还是特朗普当选，贸易战都会有所降温。第二，科技战会升温。不管是为了国内政治需要还是其他什么目的，特朗普已经非常成功地把中国塑造成美国无二的战略竞争对手了，这个事情短期没法改变。即便是拜登当选了，他也会继续把中国当成最大的战略竞争对手。如果把中国当成长期战略竞争对手，科技战必然是主要的手段。第三，意识形态领域的或者外交竞争恐怕很难淡化或调和。第四，热战可控。即便有擦枪走火的可能，总体也会保持在一个理性和可控的范围之内。因为热战不符合中美两国乃至全球的利益，不论是美国的几大科技公司，华尔街的金融集团，美国的消费者、跨国公司，都不会受益，可能只有少数美国军工企业会受益。在这样一种格局下，即使发生冲突也会迅速回到可控的范围之内。

田轩

所谓中美"脱钩",实际上更多的是美国单方面地脱钩,中国仍然会继续保持开放并积极融入国际市场。需要注意的是,中美关系在建交后40年里合作共赢为主的时代已经一去不复返,因为我们已经从和平发展的增量时代进入了存量竞争的时代,美国认为中国综合国力的崛起对其地位形成了威胁,因此美国的对华战略不会因为总统选举和政党轮替而改变。

关于目前的国际形势,我们需要清醒地认识到,不确定、不稳定的国际环境不会很快好转,可能会持续数年甚至数十年,我们需要做好长期应对的准备。当前虽然有逆全球化的浪潮出现,但应该也只是5—10年之内的小"回潮",长期来看,世界发展的大方向没有改变,全球化的大趋势不会逆转,国际化还会继续推进和深化。

因此,我们应认清世界的主流,在保持定力、做好自己的同时,不能脱离主流大部队,陷入自我隔离,选择一条边缘化的道路。应对当前的国际形势,更应继续深化国际交往与合作。

"五眼联盟"中的4国是美国最牢靠的盟友,但它们内部也并非铁板一块,而其他国家和地区也不一定会紧跟美国压制我国企业发展的各项政策。未来，我们可以继续拓宽"一带一路"朋友圈，带动东盟、中亚、东欧、非洲快速发展，同时以"磁石效应"持续深化与东盟、日韩等周边经济体的双边贸易，拓宽供应链的广度和深度。

魏建国

现在美方有一大批人都认为，包括专家、学者甚至企业家都认为好像中美今后发展的趋势就是要脱钩。错了，我们应该看到，全球化是谁提出来的，美国在全球化里面享受多大的好处，那么在这个时候，你突然一反常态，说不公平。那说明了什么呢？说明你在否定这个全球化，你在否定市场经济，你一旦否定市场经济的话，很可能你就是提出来要跟中国脱钩，实际上跟中国脱钩就是跟世界脱钩，这是明确的势头，那你就是走向自我封闭、走向非常明确的自我孤立的一个国家，一个标榜自己是以市场经济为主体的投资自由化、贸易自由化的国家，最后堕落成一个封闭的、孤立的、保守的、落后的国家，你说这个国家能发展吗？不可能。更何况现在也不可能使中美脱钩，也就是说不可能达到美国跟世界脱钩，你这样你生存不下去。所以从这个观点来看，我们应该向前一步，那就是说中美合作对双方都有好处。那些认为中美脱钩以后，对美方有利，中国肯定受不了打压，是一种非常典型的把自己看作救世主的态度，觉得别人都不如他。事实上，到目前为止，美国也不是像他们所希望的那样，受到信任，受到依赖。相反，中国恰恰是全球所信任的、所依赖的，所以在这种情况下我认为美国提出的中美脱钩，实际上是美国妄图跟世界脱钩，跟全球经济化脱钩，跟整个市场经济脱钩。

夏斌

我认为按美国政府目前的意图走,部分的领域、部分的企业可能会脱钩,但是不会是全部。为什么?因为中国现在已经不是一个封闭的、GDP 相对较小的国家,而是全球第二大经济体,进出口总额是全球第一大国,又是制造业第一大国。这么一个巨大的经济体,客观上已经与全球各个国家经济保持着千丝万缕、错综复杂的联系,现在突然要彻底脱钩,脱得干干净净,有那么容易吗?可以设想一下,如果彻底脱钩,对中国经济和全球经济是一个大冲击,对美国经济会没有影响吗?美国百姓生活会不受冲击吗?况且在当下全球抗疫形势下,今年我们的出口增长比预期还好,中美脱钩并不像美国国务卿所想象的,想脱就能彻底脱的。

至于"脱钩"具体发展到什么程度,我不是算命先生。但从第三方观察者角度说,取决于动态的政策博弈,而政策博弈又不是单单局限于经济领域,它涉及政治、外交、军事等领域间的博弈,又涉及多个大国之间的"合纵连横"关系,这些不属于我们今天所谈的范围。对我们来说,一定要想清楚,我们的战略思想、战略目标是什么,当前我们想要什么、中长期想要什么。基于深思熟虑的战略思考后,再去选择短期、中期策略又是什么,如何去博弈。

姚洋

根据目前的国际形势，中美经贸领域不会脱钩。美国巴不得我们多买他们的东西，我们也希望多卖给他。金融领域呢，其实联系反倒是深化了。中国在美国上市的企业上半年有20家，融到的资金超过了2019年全年融到的资金总额；美国对中国的投资也在加码。因为中国的金融开放在这半年做了很多改进。

技术领域最好的结局是在统一的标准和规则下，两个国家和平竞争。最坏的是沿着特朗普的方向走，整个技术完全脱钩，那现在离这个当然远了去了。只是说在实体清单上的一些企业不卖给你芯片，但小米还可以得到芯片呀。所以美国的做法你搞不明白它的目标在哪里，你比方说现在不给华为供这个5纳米的芯片，对华为的手机是有打击，但是对华为的5G是没打击的。5G用不着5纳米的芯片。这个5纳米的芯片只有在手机端、移动端才能用到，其他的设备用不到。

所以美国是胡来的。你把华为的手机打下去了，那小米的手机起来了。所以它目标是混乱的，这就是特朗普政府的特点。我们这边呢，有时候把美国做的事情想象得太有逻辑了。主要原因是我们国家政府做事的逻辑性比较严密，但美国政府的逻辑性不强,因为各种势力摆在那里,都会影响到政府的决策。特朗普政府呢,特朗普他自己就不自洽,今天睡觉前想这个事明天就又变样了,根本就不能指望他有一个逻辑在里头。

04

主题四

企业该如何面对新环境的挑战

How Should Companies Respond to the Challenges

贺铿

对我国科技企业进行制裁，是美国扼制中国的重要手段之一。我们要依法依规进行反制。我认为在宣传方面，媒体要尽量避免企业问题国家化和经济问题政治化。

国家要保护公民的利益，这是国家的本分和职责，这一点我们不能糊涂。但是在处理国际关系时，要尽量避免把一个局部问题，把一个经济上的问题政治化、国家化。

刘国恩

说到对中方企业的制裁问题，美方有美方的理由，中方有中方的看法。如果双方老是各持己见，一味指责对方的过错，恐怕情况会越来越糟，更难达成共同所希望的初衷和目标。从长期来看，完善自我才是根本，即所谓"打铁还需自身硬"的道理。简言之，针对企业制裁，我以为应该把握两个基本原则：第一是关于当前的权益维护问题，尽量按照国际通行规则进行诉求和解决，有礼有节，不卑不亢。第二则是从长计议，要不断完善自我，才是做大做强自己的永恒法宝。

刘元春

第一个我们要看到中国内循环、启动内需的潜力释放能够对于我们很多被制裁的企业有一个很好的缓解作用,大家不要过度担心。一制裁就崩溃的这种现象在一些小国身上会出现,但在大国不会。最明显的例子就是华为这两年的绩效依然不错,没有崩溃。

第二个是我们必须要建立一个安全理念,在产业链、供应链上要有备胎,要突破美国的这种战略制裁。

第三个就是我们要通过进一步的开放、高水平的开放,开拓我们国际大循环的新境界,让我们出口的格局更加多元化,从而避免单一产业链所带来的锁定效应。

第四个就是在一些关键节点上,国家应当对相应的一些企业,给予按照规则的救助。特别是对一些关键支柱产业、系统关键性的一些企业,要给予高度的战略支持。

夏斌

今天已不是两年前了,现在报纸媒体上、微信公众号上每天都有中美关系恶化的内容,所以大家都很了解,像打过预防针一样,其实每个人都有思想准备。

因此,一旦出现被制裁征兆,我们应尽快发出积极的信号,有所准备,寻求坐下来谈判的可能性,互相妥协、寻求合作。我认为对此中国政府是可以做到的,中国人民也是同意的,几十年改革开放历史能证明,我们还是会继续朝这个路走下去的。当然,这又不以我们的意志为转移,树欲静而风不止。当无处说理,没有办法的情况下怎么办?

我认为:

第一,诉诸法律,打官司。你不是讲市场经济吗?你不是法治国家吗?那就打官司。我看 TikTok 在美国告特朗普,挺好,对中国国民的形象、在国际舆论上也挺好。不管输赢,该告就告。

第二,对等原则。你制裁,我也制裁。但制裁要讲究策略,制裁的方式、策略,制裁到什么程度,那是我们自己的考虑。用通俗话说,就是你打你的,我打我的，寻找从其他方面给对方反制，敲它清醒。

第三，主动抓紧梳理我们生产链、供应链上可能遇到的短板，举全国之力，想尽一切办法，加快速度创新攻关。20世纪60年代，中国在国际反华势力包围下，被逼出了原子弹、氢弹。中国人是聪明的，勤奋的人也很多，又经过近40多年国际前沿知识的大交流，我们的创新人才是丰富的，关键要看我们的制度怎么去激发出他们的积极性。

姚洋

我觉得目前的应对分寸把握得还可以。但我们还是要等到美国大选结果出来，无论谁当选，对中美关系都会有所缓和，那么到那个时候，我觉得中国应该主动一些。跟美国要去谈，像王毅外长说的，所有的事情都摆到桌面上谈嘛。那么谈什么呢，谈规则。

跟美国最好的结局就是和美国在统一的规则下面展开技术的竞争。我觉得中国不可能争取到比这更好的结局。那么这里头中国怎么去做，自己要想清楚。如果要我建议，那就是要以规则换取美国放弃它这种下三烂的手段。它的这种手段叫作"Tanya Harding"手段。Tanya Harding 是 20 世纪 90 年代中期美国的一位花样滑冰选手，她出身比较贫寒，而她的一个竞争对手就家境比较好、滑得也好、长得也漂亮，这就是白雪公主对灰姑娘。她想的办法就是雇了人把人家白雪公主的脚踝给敲断了。这个她当然暴露了，最后也被抓起来了。美国现在做的就是 Tanya Harding 做的：我先把你的腿打断，让你没法来跟我同台竞争。其实是杀敌一千自损八百的，就是 Tanya Harding 的下场。

中国呢，我觉得就应该是，我坐下来和你谈规则，我们在规则的基础上和你谈和平的竞争，你别跟我搞那种下三烂的手段，我们呢也承诺按照统一的规则来行事。可能有人说了，这个规则都是美国人制定的。这种说法适合于以前，不适合于今天。美国如果今天要进行第二轮谈判的话，它就要谈规则。它抛开了 WTO，然后来和中国谈规则，那你谈成了之后不就是 WTO 的新规则吗？当然，我们要先想好我们需要什么东西。这就是傅莹说的，你得想好中国需要什么东西。你是像以前一样的，国际规则是什么我就去打败这个国际规则；还是我参与国际规则的制定，然后我遵守这个国际规则。这个问题我觉得一定得解决，不解决这个问题和美国就没法相处。

05

主题五

对中国企业的其他建议

Other Advice to
Chinese Companies

徐洪才

在疫情期间大家看到，我们组织复工复产，其实无论是国有企业还是民营企业，积极性都是很高的，但是从自身经营发展的实际情况来看，它们也是谨慎决策的，都是要面向市场。

有一些企业及时调整了思路，转向了抗疫物资的生产，也体现了很大的灵活性，比如像深圳就有将近 5 万家企业成功地华丽转型。这个市场机制是很灵活、很灵敏的，其中民营企业反应快、有灵活性，它的优势就体现出来了。那么在大型基础设施投资方面，传统的基建投资过去一直是由国有企业、国有部门主导的，但是现在大家注意到，以数字机械为基础的新基建，比如像大数据、云计算、5G 及其应用，还有智能制造、工业互联网，等等，这些领域的投资，总体来看是政府引导，市场主导。所谓市场主导就是民营企业占主导地位，大家看到像阿里巴巴，在数字基建方面就是急先锋。另外像腾讯、华为这些头部企业，都是冲锋在前的。政府也是在尽可能地创造良好的营商环境，为企业提供服务。

所以大家看到，民营企业和国有企业经营的风格是有差别的。很多小微企业、民营企业，如果是在传统行业里面，目前生存的困难是比较大的。前面讲到一些传统的需求可能找不回来了，人的生活方式、行为方式变化了，那么可能会有相当长的时间恢复不到疫情前的水平，所以要做好调整经营方向、调整业务结构的准备。

当然这里面也要深刻地研究市场，特别是政策的变化。要顺势而为，也要防控风险。所以未来的趋势，我相信随着营商环境的进一步改善，也会形成国有企业、民营企业、外商投资企业一视同仁、公平竞争的新格局。所以未来各领风骚，值得期待。

06

主题六

关于
SWIFT 的探讨

Discuss the Risks in
International Finance

管涛

SWIFT 是一个总部在欧洲的全球的金融基础设施，它是一个跨境的报文系统，与跨境支付系统如美国的 CHIP、中国的 CIPS 构成跨境支付清算系统。

CHIPS 是美元跨境支付系统，美国政府能够决定你能不能用该系统进行跨境美元清算。但如果将一个国家的所有银行都踢出 CHIPS，也就意味着美国与这个国家之间的经贸往来难以正常进行。

比方说，外国留学生在美国读书，如果这个国家的所有银行都不能用美元清算的话，这个留学生想支付学费都会很困难。美国是 SWIFT 的一个有影响力的大国成员，而且在"9·11"事件后也取得了一些特殊授权，可以获得 SWIFT 的很多信息，并据此实施经济金融制裁。但是，美国不能最终决定哪个国家可否使用 SWIFT，除非采取联合制裁行动，而这取决于该国与世界经贸联系的紧密程度。如当年美国主导把朝鲜、伊朗踢出了 SWIFT，因为这两个国家经济比较封闭，跟世界经济联系较少。但美国企图把俄罗斯踢出 SWIFT 就一直没有得逞，因为 SWIFT 认为这会影响其他成员的利益。

从这个意义上讲，将所有中资机构都踢出 CHIPS 的美元清算是极小概率事件，而将所有中资机构都踢出 SWIFT 就是一个更加极小概率的极端事件。并且，如果发生后一种情形，对于 SWIFT 的政治中立性将会造成极大的声誉损失。

当然，不排除美国有可能寻衅制裁个别中资机构包括中资银行，限制其使用 CHIPS 进行美元清算，甚至采取二级制裁或者联合制裁措施，限制该机构使用 SWIFT。对此，中资机构包括中资银行，首先是要依法合规经营，遵守反洗钱、反避税、反恐融资的国际规则；其次是要从民间开始，推动跨境支付结算币种的分散化、多元化，减少对单一币种的过度依赖；再次是要拟定应对预案，寻找其他替代结算币种、结算方式或者报文方式，以备不时之需。

贺铿

SWIFT 是国际上最重要的金融通信网络系统，成立于 1973 年 5 月。现在连接着超过 200 个国家和地区的 11,000 多家银行和证券机构及公司客户，为国际社会提供支付结算服务。它虽然是由美国控制，但是如果想将中国踢出 SWIFT，必须有充分理由。同时，我认为也有很大难度。因为中国在世界贸易中，体量很大，覆盖率很高。

踢出中国，会严重影响世界各国的利益，包括美国自己的利益。美国不大可能轻举妄动。现在，为了摆脱美国控制，有不少国家正在寻求建立其他清算体系，我们也应该有这样的思想准备。

黄益平

我个人的判断是美国将中国踢出 SWIFT 的可能性不太大。但是作为一个国家，还是需要充分考虑这个风险因素，把这个"不太可能"的情形当作一个可能的情形来对待。尽量争取不要出现，但是对最坏的结果还是要做一些预案。

但客观地说，要完全防备也比较困难。一方面虽然这个 SWIFT 其实就是一个信息系统，它和资金的流动本身并不完全是合而为一的，但是如果没有 SWIFT，跨境的结算和支付就会变得非常困难或者低效。现在一些国家在尝试建立一些新的体系，也许最终可以替代 SWIFT。但在短期内很难建立一套更有效的体系，可能性也不大。

李稻葵

"美国将中国踢出 SWIFT"也是一个很现实的问题，如果中国的银行不能够参与这个国际的快速资金转让的系统的话，那么很多国际业务无法开展。那我们很多银行的很多国际交易就停顿了，包括我们"一带一路"的很多汇款资金的转账都停顿了。那如果这么干的话，我们给美国方面的定性也是经济恐怖主义行动。我们这些银行，如果犯了什么规，你调查。但是你不能这么干，如果你要这么干的话，我也要找你麻烦。

这些方面呢，我相信我们一定也有武器，但是这个我没有深入研究过。我的看法是要事先沟通，要跟美国商务部、跟美国财政部，还有美国的贸易代表，咱们都可以协商、可以谈判，但如果你蛮不讲理的话，我们也可以不惜代价和你玩这个。武器我们肯定是有的，但是一定要定性：你这么干，相当于在经济领域率先使用"核武器"了。现在的经济问题是你中有我、我中有你，大家都有抓住对方把柄的地方。

夏斌

我们国内大多数银行都是 SWIFT（环球银行金融电信协会）的会员，大概有 160 家，包括外资银行，就是说大多数中资银行或者在中国的外资银行都参加了该系统。银行是干什么的？除存款、贷款外，转账支付清算是银行的主要业务之一。这项业务不是为银行服务的，是为企业服务的。企业从事进出口业务、投资业务，都需要通过银行中介做转账业务。银行参加了那个 SWIFT 清算报文系统，当交易确认，最后选用美元支付时，要通过被美国控制的美元支付清算体系进行资金清算支付。

前面讲到，中国是世界上进出口贸易第一大国、制造业第一大国，又是世界第二大经济体，如果 SWIFT 把带有"中"字头的银行全部踢出，全部制裁，这对中国经济意味着是"核爆炸"。对美国经济呢？2018 年中美贸易总额 6340 亿美元，美国的贸易依存度高达 20.5%，其中直接有赖于中国的贸易依存度占 1/3。彻底断绝中美经贸关系，美国受得了？对全球经济意味着什么？进而对美国的间接影响又是什么？不就全乱套了。从这个意义上说，如果真想掐脖子置我们于死地，不就等于是生死之战、公开宣战吗？所以我想，对中资银行"全部下手"它现在还不敢。中国不是朝鲜、伊朗等经济小国。但是，美国政府又不会死心。制裁华为，乱抓我们一些留学生，除打科技战、人才战、贸易战外，肯定还想打金融战。但金融战涉及面太广，是最要害、最关键的。因为它不仅涉及国际贸易，还涉及国际投资市场，涉及国际金融市场、资本市场，我想它是不敢全面开战的。但是，我们仍应提高警惕，因为它已经开始慢慢在搞，先对你一两家银行动手，让你难看，这是完全可以做到的。实际上它对我们的企业已经开始制裁了，前不久对参加南海军事基建的25家企业开始了威胁、吓唬。但想从美元清算系统中全部割断中国相关的银行通道、冻结其资产，现在还不会。面对这个局势我们应该怎么办？

我认为：第一，我们应加快发展境外的人民币清算支付体系。在此方面，我们的力量很单薄，发展年头也不长，在全球支付清算中用人民币的占比很少，2019年才2.15%。相对于我们自身发展说有不少进步，但从全球清算体系看，还是处于几乎可被忽略不计的地位。第二，因此还应积极支持欧元体系发展，支持德国、法国等国组织的欧元清算联盟。怎么个支持方法可以研究。能不能参与、人家让不让参与，我没有深入研究。但在策略选择上，我们应该明白这个方向性道理。第三，多做准备，对有些国家和地区可以采取双边的易货贸易清算，或者通过约定双边货币清算推进经贸活动，在这方面还有好多路可以走。第四，与更多的国家缔结货币互换协议。

总之，应做各方面准备、积极有为。

姚洋

美国用 SWIFT 制裁中国很难。因为中国也是成员国,而且还有其他好多成员国,它要董事会开会去决定。中国没有做错事,它想惩罚中国我觉得很难。当然在中国香港的中资企业可能被惩罚,因为香港问题。但这对我们的影响不会很大。

07

主题七

新格局中
金融业的调整

Advice to Domestic Financial Industry
in the New Pattern

管涛

有关于金融开放的新举措落实的时候肯定会面临一些挑战。应对挑战的关键是实施制度型开放，金融开放要逐步与国际接轨。金融开放的国际最高准则是负面清单管理。什么叫负面清单？就是把要管的都列示出来，没有列出来的就是不管的。其结果是，对市场来讲是"法无禁止即可为"，对政府来讲则是"法无授权不可行"。但我们国内现在还是正面清单，还在一项一项地开放，明确可以做的才能做，没有明确或者明确不可以做的就不能做。

当然，不是说我们现在就要从正面清单转为负面清单，而是可以分步骤地加以解决。比方说，我们已经实现了外商投资市场准入的负面清单管理，并据此制订了新的外商投资法。最近，央行正式对外宣布，金融服务业开放的负面清单已经清零。下一步，准备推进服务贸易的负面清单管理。我们在金融市场或金融交易的开放方面，还没有达到负面清单，但这不妨碍我们现在起开始建制度，即开放做加法，监管做减法，尽量是不可逆的，减少政策的反复。这样的话，哪怕放得慢一点，但总在不断前进。

中央在部署下阶段改革任务时一再强调，稳步推进金融业的双向开放，这体现了稳中求进的工作总基调。而不像有人讲要抓住当前所谓有利时机加快对外开放。首先，对于什么叫好的时机，见仁见智。比方说，资本流入就一定是好事吗？资本流入过了量以后，就是资产泡沫风险、汇率超调风险、货币错配风险。资本流出就一定是不好的吗？适当的资本流出可以提高投资回报，也可以对冲资本流入压力，更好地促进收支平衡，不一定是坏事。所以，我们要辩证地看待资本流出入。

而稳步推进金融开放，有助于降低开放风险、凝聚改革共识，保持制度的稳定性和可预见性，逐渐增强投资者信心。相反，过于功利的开放，即形势好就开快一点，形势不好又退回来，反而可能因政策反复损害政府声誉，影响投资者预期。

在扩大开放过程中，我们还要逐渐增强对资本流动和汇率波动的容忍度和平常心。不能够说，股市或楼市价格一涨就是热钱流入，一跌就是资本外逃，然后汇率一涨就担心升值，一跌又操心贬值。如果大家天天都在关注这些事情并为之深感焦虑，那么扩大开放就是自寻烦恼。

开放以后将更多由市场决定，而市场决定经常是顺周期甚至出现超调。这种情况下，需要我们平常心来看待这个事情。关键对于市场主体来讲，要控制好货币错配。如果我们每个企业都能控制好货币错配、汇率敞口的话，那么从国家层面来讲，系统性货币错配的风险也就大大降低了。而只有国内经济金融体系健康，才能充分享受资本流动和汇率灵活带来的好处。为什么英国在1992年退出欧洲汇率机制、英镑大幅贬值后，出现了货币危机却未发生经济金融危机，就是因为它经济金融体系韧性较强。对中国来讲，未来要在扩大开放过程中，逐步树立风险中性意识、建立严格的财务纪律，从微观和宏观层面降低货币错配风险。

另外，扩大金融开放是双向开放，不仅要引进来还要走出去，将来民间对外投资渠道也会逐步拓宽。但对外投资不是炒外汇，千万不能像一些专家所建议的，人民币贬值才想起来增加海外资产配置。而是平时要多做功课，了解投资标的的风险属性、市场环境、法律制度等。在选定投资标的后，给定其他条件不变，人民币升的时候多配置一些，跌的时候少配置些。当然，我们还要根据自己的风险承担能力，选择合适的投资产品。作为金融中介，在推荐海外投资产品的时候，还要坚持投资者适当性原则，以减少投资纠纷，更好保护投资者的合法权益。

黄益平

金融现在最大的问题是对实体经济的支持力度比较弱。我经常看一个叫"边际资本产出率"的指标，表示的是每生产一个新的单位的GDP，需要几个新的单位的资本投入，这个指标在2007年是3.5，现在已经到了6以上，可见资本投入的产出效率在不断下降。具体地看，有两个问题：一个是中小微企业融资难。过去这些年这个问题一直很突出，中小微企业融资的问题不解决，可持续发展就会变得很困难。

另一个问题讨论得比较少，但是同样很尖锐，就是普通老百姓投资难。老百姓过去有钱就放银行、买房地产，现在有很多的可投资的资金，但是房地产已经不像过去那么有吸引力，而银行存款实际上也是回报非常小。所以感觉很困惑，就是不知道把钱投到哪儿去。这个问题不解决，将来问题也很大。

为什么现在会碰到这些问题，而过去似乎金融支持实体经济比较有效？目前我国的金融体系有几个比较突出的特征，就是规模很小，政府管制比较多，同时监管相对比较弱。这样一个金融体系在过去支持经济增长没有问题，原因就在于过去的增长是基于低成本优势的粗放式增长，是以劳动密集型的制造业扩张为主的，在那样的条件下，产品是成熟的，技术是成熟的，市场基本上也是成熟的，以银行为主的金融体系为制造业企业提供融资支持，效果还不错。虽然政府干预比较多，有效率损失，但总体的有效性还比较高。现在碰到的问题就是，经济增长模式从过去的要素投入型转向创新驱动型，所以金融的新挑战就是怎么支持经济创新，其中一个挑战就是怎么支持中小微企业、支持民营企业。因为我们知道，民营企业在总的知识产权当中，比例大概占到70%。那么实际就意味着我们如果还没有很好的支持中小微企业的手段，将来会遇到非常大的问题。

所以要说怎样才能更好地支持"双循环"，尤其是国内经济的这个循环，从根本上说就是怎么支持创新、怎么支持产业升级。这里头可以做的事情很多，比如说要发展多层次的资本市场；银行也要不断地创新，转变过去只是简单地给制造业提供融资的模式，而是运用像抵押贷款这些方法，更多地来看怎么判断风险，怎么来支持创新型技术升级；还有就是多管齐下地支持中小微企业，包括采取数字金融的手段。现在所面临的金融挑战，核心一句话就是经济增长的模式已经在发生改变了，但金融模式还没有转过来。所以现在需要做的就是以金融创新有效地支持经济创新。

中国金融开放应该是一直在往前推进，中国在2001年加入WTO以后，对金融服务业开放做了力度比较大的承诺，后来在实施过程中有一些反复。但是最近这两年，金融服务业开放的力度比较大，举措也很多，特别是在外资金融机构的持股比例和申请新的牌照等方面，都在不断地开放。

我们可以把金融开放分成两个领域：一个是金融服务业的开放，服务业的开放就是外资金融机构到中国来经营，还有一个就是资本项目的开放。我觉得金融服务业开放相对来说比较容易操作，而且风险相对也比较可控。有的人说外资金融机构来了之后将来造成很大的不稳定怎么办，我觉得这个风险是有的，但客观上来说外资金融机构到了中国它就变成中国的金融机构，它就受中国监管部门的监管，所以会不会发生风险，主要看监管政策和监管能力。更重要的是你不能认为外资金融机构进来了，钱就随便进出了，如果资本项目有一定的管制，外资金融机构的资金的进出，同样要接受跨境资本流动管理措施的限制。

比较敏感的可能是资本项目的开放。开放资本项目也已经实行了相当长的一段时间，过去有一个策略，就是叫先流入后流出、先长期后短期、先直接投资后投资组合。这样的一个思路，基本上就是追求比较稳定的投资，追求资本流入，这个是可以理解的。但是如果长期实行这样的政策，也有问题，因为资本进来它总有要出去的一天。现在如果要进一步推进资本项目开放，要回答三个问题：第一个问题是要不要推进资本项目开放，我觉得从长远来说肯定是要开放的，我们经济体系在不断地开放，中国经济是全球第二大经济体，将来可能会成为第一大经济体。

第二个就是什么时机开放比较好。过去的看法是宏观经济环境比较稳定的时候开放，那么确实是很多国家在宏观经济环境比较好的时候放开，有很多资本流入，大家觉得这是个好事情，因为外国资本来了嘛，表示大家对这个经济和政策有信心，是一个正面的事情。但后来发现它也有一些问题，就是你在好的时候放开，大量的资本流入，这样的话虽然对经济对金融是一个正面的事情，有的时候也容易积累风险，比如说经济过热、资产泡沫了和汇率货币高估了，等等，一旦出现一些风险因素，资本逆流回流就会导致很大的金融风险。所以现在有不少专家开始琢磨，包括我自己也比较赞成这个看法，就是也许应该在经济金融宏观环境不是那么最优的时候，开始逐步考虑开放。这个时候开放政府会更多地关注那些风险因素，也许它是更可持续的。

第三个就是怎么开放的问题。我觉得总的原则还是应该渐进地推进，同时讲究改革的次序，就是有些先做有些后做。前面提到2015年汇率中间价改革之后，一些人民币国际化的举措实际被抵消了，归根到底还是因为汇率体制不够灵活。那么将来肯定是要考虑一个次序的问题，我个人的看法应该是先实体后金融、先国内后国外、先汇率后资本项目开放。在开放的过程中以及开放以后，可以考虑采取一些宏观审慎政策，也就是说尽量避免资本的大进大出嘛。我们的金融体系就是在短期内很难承受大进大出，所以可以采取一些缓和的政策，比如说在这个学术界经常讨论的托宾税，托宾税就是对资本的进出都增收一个非常低的税率，那么这样的税率对于长期资本流动几乎没什么影响，但如果你是短期频繁地进出，成本其实也还是很高的，这样的话可以缓冲资本大进大出。

08

主题八

探讨
金融开放

About
Financial Opening

黄益平

数字货币也是未来金融开放的一个方面。央行的数字货币是由央行发行的，现在央行怎么发行人民币，将来央行也怎么发行数字货币。它是替代 M0，也就是替代流通中的现金。

任何东西都会有风险，要是说央行数字货币的风险，直接地说可能是一些技术的风险，比如说交易做不了了，或者是密码消失了。但这些问题我觉得从金融的角度来说比较难讨论，我觉得值得讨论的是，这样的央行数字货币推出来了之后，对我们金融体系，或者对我们个人会发生一些什么样的影响。客观地说，央行的设计是考虑它作为一个零售货币。零售货币主要面对公众，刚才讲了它其实是对交易当中、流通中的现金的一种替代。它不替代银行的存款，或者其他的金融的资产，央行也不对这个数字货币付利息，同时央行也不直接面对公众，它实际是通过金融机构或者授权机构来发放和兑换这个数字货币。所以从这些角度来看呢，第一步其实是相当保守的，我觉得这样也非常合理，它可能同时也为了避免对商业银行造成脱媒的冲击，所以应该是比较保守。就是在日常生活当中，我们拿着数字人民币去买牛奶、买鸡蛋，或者是在街边买个早餐，或者将来去买一些东西什么的都可以用。对我们个人来说呢，央行也说这个将来可能是会有普惠性的。普惠性的意思就是说，它作为一种支付，其实是没有任何成本的。我们知道现在一些移动支付，基本上成本都很低，但可能不是零，但央行如果做支付呢，它可能真的是没有成本，因为央行发出来的这个人民币，它是不会在中间产生费用的。

所以在一定意义上来说是有一定的普惠性，但是这个普惠性也相对有一定的局限，就是你得有一个智能手机，你的手机上头得安装这个央行数字货币钱包的App，等等，其实很多。还有很多人连那个智能手机都没有，他们可能也用不上，所以央行说的这个普惠也只是一个方面。

那么在短期内我觉得可能值得关注的是两个方面：第一个方面就是刚才说的商业银行尽量避免脱媒①，也就是说不要让存款搬家。但有的学者说呢，这个也许会有一部分存款搬家，因为虽然它不替代M1，M1的意思就是现金加上活期存款，但你知道我们活期存款的利率、利息是很低的，你放在银行也没获得什么好的这个回报。那会不会有的人就说干脆直接放在我的数字货币的钱包里头，这样起码比较方便嘛，而且从这个央行数字货币来说，它也很安全。它的法偿性、安全性是比较高的，所以会不会有冲击，会有多大的冲击，这个我觉得还需要观察。

同时，它既然也是一种央行数字货币，他们叫DCEP，就是数字货币电子支付，也就是说它也是一种电子支付，那么这个和我们现在已经很活跃的这些移动支付之间会发生一些什么样的影响，我觉得也是可以观察的。

---

① 一般是指在进行交易时跳过所有中间人而直接在供需双方间进行。"金融脱媒"又称"金融非中介化"，在英语中被称为"Financial Disintermediation"。

那么另外一方面就是它确实是没有任何支付的成本，这个可能对于我们现在的一些移动支付多少会有一些替代，到底有多少替代我也不好说。但是呢，移动支付现在很大的优势就是，它不仅仅是一个支付，它其实变成了一个数字金融，或者数字生活的一个基础设施，实际我们有一个生态系统在这里头，那么这些生态系统，可能对使用者还是有很大的吸引力的。这样看来的话，其实刚才提到的这两个问题我都没有明确的判断，但是我觉得是值得观察的。

田轩

我国目前正在逐步扩大金融对外开放，稳步推进资本账户开放，逐步实现内地市场的国际化，需要注意的问题是要做好金融开放与风险防控的平衡。

第一，在金融安全方面，为了防范美国发起金融战和金融脱钩的风险，要减少对SWIFT系统的依赖，加强CIPS（人民币跨境支付系统）的建设，解决好人民币跨境支付的清算结算效率问题。

第二，随着美联储宣布无限量宽松、美元持续贬值、美国经济衰退，美元的国际货币地位正在走弱，因此要加速推动人民币国际化，扩大人民币在跨境贸易中的使用，实现人民币国际使用从双边化到多边化的转变，为"去美元化"的新国际货币体系做好准备。

第三，随着人民币较快升值，中国经济率先进入复苏，高利息、低风险使得人民币资产对国际资本具有较强的吸引力，未来会有更多的外资流入，因此要构建更多样的人民币资产组合以容纳新流入的增量资金，防止资产泡沫的积累。

魏建国

我们联系负面清单,在全国范围来讲,我们有 18 个自由贸易区,目前这 18 个自由贸易区实施的是 30 项负面清单,那么除了这个之外呢,全国其他地方实施的是 33 项负面清单。2020 年是中国改革开放以后,实施新的《外商投资法》的第一年,也是实施《外商投资法实施细则》的第一年,观察整个负面清单,可以肯定,2020 年在这方面,负面清单中的项目还会减少。根据世界银行发布的《全球营商环境报告 2020》,我国的营商环境已经从全球的第 46 位提高到去年的第 31 位。今年我估计随着我们各项改革的推进,特别是整体的服务力度的加大,扩大我们的开放,打造全球最佳营商环境,2020 年很可能还会从去年的第 31 名往前走。我大胆地预测一下,如果我们做得好的话,可以进入前 20,那么对全球、对中国,都将是一个非常有利的吸引外商的环境。

09

主题九

人民币
国际化与汇率

About RMB Internationalization and
Currency Exchange Rate

管涛

"双循环"对汇率没有什么影响。我最近参加一些活动,经常听到有人说,我们开放终究有两个市场两种资源——国内国际两个市场,国内国际两种资源。我们改革开放40多年的历史,就是"双循环"的历史,所以对这个长期的结构性改革、对汇率的影响是中性的,本身不能决定汇率升值还是贬值。

如果说我们通过"双循环",可以使我们经济发展更加有韧性,那么从中长期的角度来看,对人民币是一个利好的支持,特别是我们在"双循环"过程中,逐渐地通过科技创新提高我们的创新发展能力,那么这个对人民币汇率从中长期来看也是起到积极作用。在这一过程中进一步地深化改革扩大开放,释放制度红利,那么对人民币汇率也是有好的作用。如果我们能进展顺利的话,那么在这个经济发展过程中,能够保持并展现出足够的韧性,我们经济强、货币强。但是根本上来讲,它是一个长期的结构性改革,是一个制度中性的安排。

黄益平

人民币国际化应该说是一直在推进过程中，当然也有起伏。记得最初是从2009年开始不断加速，当时央行提出来两条腿走路的策略，一条腿是人民币汇率的改革，另外一条腿就是资本项目开放。现在国际经济形势不是特别好，所以人民币国际化的含义可能是多方面的，从需求的方面来说也许就是我们的任务变得更为迫切了，美国金融制裁的风险已经明显提高，先不说会不会发生，这是需要面对的问题。如果人民币能走到国际市场上去，起码将来可以多一个选择，所以说，人民币国际化的迫切性提高了。

但从另外一方面来看，近期人民币国际化面临的外部环境可能也会变得更具挑战性，尤其是贸易、投资的相对增长空间有所收缩。现在怎么办？最重要的还是首先要确定一个长远的目标，然后稳健地推进，客观地说人民币国际化这个事情，不管政府着急不着急，它有其自身的规律，需要满足一系列的条件。我们曾经做过一个研究，就是人民币它怎么样能成为国际货币，怎么样能让国际社会接受，最起码有三个层面的问题要解决。

第一是经济规模要足够大，同时足够开放，这样的话跟国际经济之间会有很多的经济往来，那么人民币的使用的可能性就大一些。

第二是要有一个开放的、高度流动的,而且复杂程度比较高的资本市场。因为把人民币推到国外去让大家使用,最终它还是需要有一个载体,就是外国的机构和个人需要持有人民币计价的金融资产,因此我国的资本市场要足够开放,同时有足够多的产品。

第三就是法制和金融监管政策方面需要大幅改善,首先国内国外的政策要相互匹配,这样资本流入、流出才能顺畅。其次要明确保护产权,外国人持有人民币资产得有信心。如果没有信心,那人民币国际化也就无从谈起。

概括起来说,人民币国际化可能是一个长期性的任务,它不可能一蹴而就。而且人民币国际化所需要实行的一系列政策也需要相互配套。在2015年以前我国大力推动跨境贸易和投资的人民币结算,做得不错,还在中国香港建立了离岸人民币市场。但2015年年中改革汇率中间价,后来实际上是引发了一场市场波动。最后为了稳定汇率,之前的一些为了推动人民币国际化所做出的努力实际上被抵消掉了。这就说明如果汇率不够灵活,会对人民币国际化的举措产生制约作用。

10
主题十

资本市场观察

About
the Capital Market

管涛

资本市场改革非常重要，因为"双循环"战略中里很重要的，就是要进一步强化创新发展，加快对核心技术的攻关，提升产业链供应链的安全性，掌握发展的主动权。而创新发展更多要依靠直接融资发挥积极的作用。

2020年4、5月份中央发布的两个重要的改革纲领性文件都提到了资本市场改革。最近，监管部门也围绕"建制度、不干预、零容忍"九字方针，出台了一系列政策措施。随着这些资本市场改革措施逐渐兑现落实，未来国内资本市场基础制度将更加健全，多层次资本市场体系将更加完善，上市公司质量提高，投资者权益保护加强，将更好促进储蓄转化为投资，提高资源配置效率，这对于"双循环"战略实施应该会有更加积极的作用。

如最近美国的话，借口个别中概股公司财务造假，有针对性地提高了上市门槛，这进一步凸显了加快发展中国本土资本市场的重要性。

过去，大市值的中概股独角兽公司只能在海外上市。现在，内地资本市场体量更大了，市场也更加细分了，还有上市标准、上市规则也逐渐跟国际接轨了，因此，这些公司可以通过A+H在内地和香港同时IPO或者二次上市。当然，财务欺诈行为在中国也属于过街老鼠，属于零容忍的严打对象。

随着资本市场改革的进一步深化，我们将更加有信心、有能力支持创新企业发展。而且，本土资本市场发展起来以后，我们能更好应对外部金融脱钩的威胁。同时，中国投资者也可以更好在本地市场分享高成长公司带来的好处。

黄益平

关于资本市场,我其实不太确定资本市场最需要做什么。需要做的事情当然很多了,最重要的是怎样让市场机制在资本市场上真正发挥决定性的作用。虽然资本市场的价格是由市场决定的,但其实造成价格扭曲的因素也不少,比如我们过去IPO价格有政策指导,对准入有限制,国家信用在很多企业都在发挥作用,从而也间接地影响他们资产的市场定价。所以现在慢慢走向注册制,减少政府干预,我觉得应该是一个很好的做法。还有就是改革完善监管机制,尤其是强化市场纪律。过去监管部门对于不规范市场行为的惩罚力度非常小,没有威慑力,而且监管部门不太喜欢违约、破产和退市。其中一个可能的原因是监管部门同时肩负监管与发展的责任,这两者之间有时候会有矛盾。还有另外一些问题,比如投资者结构,散户太多等,这个也许可以通过开放、引入国际机构投资者,以及通过更多地支持一些长期的投资基金,像保险、养老金等,逐步改变。总之在资本市场上需要做的功课非常多,但最重要的一条,既然发展资本市场,就要尊重市场纪律,发挥市场机制的作用。政府把很多政策意图施加到资本市场,甚至希望资本市场发挥稳定宏观经济的作用,最后的效果可能反而不好。最近监管部门提出"建制度、不干预、零容忍"的策略,是十分对头的,如果真的能执行一段时间,资本市场的质量应该会有很大的改变。

11
主题十一

"十四五"期间的关键突破

The 14th Five-Year Plan:
Tackle the Key Challenges

管涛

关键是要完善扩大内需的体制机制。这件事情我们已经做了20来年,但到了"十四五"期间,要围绕这个"双循环",进一步畅通内循环的堵点和痛点进行改革。比方说要统一大市场建设,消除各种市场壁垒,特别是国内市场壁垒。有些国内市场壁垒是带有地方保护主义色彩,造成了国内市场分割,是不利于国内大循环的。再比方说,要通过收入分配制度和财税制度改革,让收入更多向居民倾斜;通过健全社会保障体制,改革医疗教育住房制度,让大家无后顾之忧敢花钱。

然后,还要进一步推进开放的"双循环"。这种开放是全方位的、高水平的制度型对外开放,要和高标准的国际经贸规则接轨。

11 | 主题十一 | "十四五"期间的关键突破

贺铿

"十四五"期间要做的事情很多。最关键的是进一步解放生产力和发展生产力。解放生产力是改革问题，是解决生产关系的问题；发展生产力是技术问题，是要攻克一些影响生产力发展的技术难题。

生产关系解决哪些问题？它实际上牵扯到公有制、民营经济、农村的土地等怎么调整好。这些问题现在改革当中都要有人深思，要提出一些像邓小平同志视察南方讲话一样的，能够使人指出一个大的方向来的东西。这是关于解放生产力，否则的话生产力解放不了。

其中最重要的是攻克一些核心技术难题和改善收入分配结构。我认为，掌握核心技术是提高生产力水平的关键。确实存在好多技术问题，现在碰到像芯片的问题、像发动机的问题、像人工智能的问题，等等，许多不仅是卡脖子，有很多东西我们确实要认识到，我们还是比较落后的。我们这40年的改革开放当中，我觉得太急躁，没有深入地去消化一些东西，所以在关键技术方面呢，应该在于用人机制上，要思考。

我们现在的人才应该说不少，跟20世纪60年代中苏关系破裂的时候，完全不一样，我们现在恐怕有一二十万学成归国的人，我没有查这个数字，总之是以 10 万计以上，很多了，那个时候有几个？除了钱学森几个人，一二十个人吧。所以说我们怎么样把这些人的积极性发挥出来，来攻克一些技术难关。实际上只要改革足够深入，把大家的积极性尤其是知识分子的积极性充分发挥出来，那个作用是难以估量的。如果说大家的积极性不高，你说破了天，喊破了嗓子，人家也就是给你传达传达而已，你上面开会，省里再开会，县里再开会，都落实不下去。我们老是怨下面懒政，他为什么懒政呢？他既然当了官，他干吗要懒政，是不是？你这里面有好多问题，我们需要思考一下。

建立促进社会公平和实现共同富裕的收入分配制度既是实现中国梦的目的，也是实现中国梦的保证条件。因为真正强盛的国家一定是社会和谐的国家。真正和谐的社会一定是贫富差距不很大、中产阶层为主体的社会。

黄益平

我觉得金融领域的突破就是要建立一个现代金融体系,建立现代金融体系的目的就是要支持高质量的经济增长。我们的这个金融体系已经经过40多年的改革,我前面讲了这套体系规模大、管制多、监管弱,但客观地说,过去这几十年支持经济增长和金融稳定还是有效的,只是在最近10年、5年这个问题变得越来越多。那么其中一个很重要的原因就是经济增长模式在转变,而金融的业务模式没有完全转过来。

具体而言就是怎么样建立一个现代的金融体系。现代的金融体系我觉得还应该是市场化的金融体系,可能就是两个方面的工作:一个方面的工作就是进一步推进我们的市场化改革,比如说风险定价、资产价格、存贷款利率是不是应该由市场来决定。举个例子说,我们现在中小微企业贷款难,有很多方面的原因,但其中一个方面的原因,我们其实的贷款利率其实被压得挺低的。当然我这样说企业家们都不高兴——中小微企业的贷款利率比较低,而且政府每年都往下压,但客观地说这些中小微企业本身风险就比较大,如果把利率压到风险水平以下,那金融机构其实是很难做的。当然有些金融机构现在也做了,监管的压力也很大。所以实际上风险定价是实现可持续商业化的金融服务的一个资本条件。这只是一个方面了,总的来说我们在资金配制,在风险定价,无论是在商业银行或是在资本市场，都还是有很多工作可以做的。这是市场化改革很重要的一个方面。

另外一个改革的领域，就是调整金融结构同时推动金融创新。过去中国的金融业以银行为主，支持粗放式的增长没有问题，但是将来要以创新为主。怎么支持创新？那我觉得从金融结构方面来看起码有三个方面的工作可以做。

第一个方面就是发展多层次的资本市场。从金融的这个本质来说，可直接融资的资本市场，它确实天然地更加有利于识别风险、支持创新，在各个国家都是这样，所以我们也可以花更大的努力发展健全的资本市场，提高直接融资的比重。

第二个可能也需要进一步创新的就是，在可预见的将来，间接融资尤其是银行和保险公司这些间接融资渠道，可能仍会占据主导地位。那么这些间接融资的机构怎样才能更好地支持经济增长模式的创新、支持技术创新和产业升级呢？在这方面，德国和日本应该有很多好的经验值得我们学习，因为它们其实也是银行主导的金融体系，那么它们怎么样用银行来支持这样的技术创新和经济创新就值得我们借鉴。比如说像一些新的模式，投贷联动的方式，像这个科技支行的方式，有很多了，但总之也还是要往前走，不能再像过去那样，就给大的设施项目提供资金或者是给大工厂提供贷款。

第三个就是我们需要做一些金融创新。那么在中国做得比较好的就是我们的数字金融创新，尤其在中小微企业贷款方面，我们一直在研究大科技信贷，就是利用大科技平台，像微信支付、支付宝、京东，或者是像其他的一些平台，都可以用大平台来获取客户，或者大量的客户同时在平台上积累大量的这个数据，做大数据，然后用这些大数据来支持金融风险评估。最后我们看对这些小微企业贷款，一是相对比较有效，这个可以让很多的原来没有办法从银行获得贷款的企业，获得准入；二是我们现在看到的一些证据是它们的这个资产质量和不良控制也还不错。所以从这个市场化改革方面来说，也有很多事情可以做，包括市场化的定价，还有就是一些金融创新，建立一个现代金融体系。另外一个大方面的工作就是改革监管，我们的监管体系可能还是需要做一些大的改革，过去中国40多年保持金融稳定，主要靠的是政府兜底和长期的高速增长，这样的话，就是有问题也容易被消化，而且即使出现问题政府兜底不会出现很大的动摇。但最近这些因素都发生了一些改变，所以我觉得我们的监管本身需要进一步的改革，关键就是增强他们识别风险、管理风险的能力。

李稻葵

"十四五"期间有三个方面要突破。

第一，经济方面必须保持高质量发展，关键是"内循环"，这个之前已经提到过。经济方面最重要的就是释放我们的内需，建立统一大市场，那么释放内需的一个关键就是提升我们的收入，其中的关键是城镇化和基本公共服务的普及化。如果说过去我们比较强调的是供给侧结构性改革，那么"十四五"期间，我自己的说法就是，我们的工作重点应该放到市场需求的释放上来。要去经营和培育我们长期的国内需求，这是最重要的。但是"内循环""外循环"要配合，要保持一定的量，比如5%，但同时也不能没有质。

第二，科技必须要占领若干制高点。因为这一轮很可能是赢者通吃，你如果占不到制高点，那么别人不可能把技术给你了，人家封锁你还来不及呢。

第三件事情，与我们经济学有关系，要特别强调的是基于我们理论和道德的软实力提升，这方面我们一定要有突破。怎么突破呢？一定要想方设法在国际上讲清楚我们中国的经济和社会治理方式是有自己的道理的，不是乱来的。对外我们没有任何的意图要输出我们的意识形态。我们从来不干预，从来不输出我们的意识形态。我们自己的国家治理、社会治理的这套办法、体制，搞经济让政府跟市场同时发力，让政府成为市场的有力的参与者，这套办法也是合理的。对于这些做法，我们一定要打破有理讲不出，做了好事还被人骂这种窘况。所以这就需要我们经济学，乃至整个社会科学的工作者下功夫了，这就是软实力。军事是硬实力，科技是硬实力，经济发展是基础，但是软实力也要提高。不仅要讲好中国故事，更重要的是讲好中国理论。

陆铭

"十四五"期间最关键的问题就是我讲的，城乡和区域结构调整的问题。因为中国是个发展中大国，发展中大国的发展就是城乡间关系，大国就是地区间关系，所以它就是城乡和区域发展问题。如果你要找一个词来概括什么叫中国经济，中国经济是发展中的大国，那么就是城乡和区域关系，如果再加第三个词，是转型，那么转型就是体制结构调整，所以转型和发展中的大国，就有体制调整中的城乡和区域发展问题，而且这个问题是牵一发而动全身。它涉及了城市化，也涉及了大城市和小城市之间的关系，涉及了东中西的关系、南北的关系。它又涉及人、又涉及土地、还涉及钱，钱又包括投资、财政转移支付、地方政府债务。在中国，我想不出第二个问题比这个更重要。如果你要举出第二个更重要的问题，我会告诉你，你讲的问题要从城乡和区域结构来看。比如说住房，我若干年以来的研究，就在讲一个道理，在中国这么大一个转型中的发展中大国，在平均意义上讲房价是没有意义的。你必须要去看，中国房价高的地方其实就是沿海地区的少数大城市，其他地方房价并不高，甚至中国有很多地方房价是在跌的，所以谈房价要分空间。所以很多问题，你需要把空间的因素加进去，对于中国看一个大国的发展以后就会有一个新的思维，而新的思维实际上就是城乡和区域间的问题。并不是说因为我研究这个我才这样说，而是我真心实意地认为就是这样子。

刘守英

我们现在中国没有太大的理由去悲观的，为什么？就是因为中国国内很多这个机会，大量的机会，无非就是你把这三个循环打通。第一点，就是人一定要进到这个循环体系来，尤其最主体的这些人一定要进到经济循环体系里来。第二个就是收入分配，就是我们现在来看，整个的这套分配体系，我们整个收入分配的这个状况一定要做改变。

就是说你一定是要让更多的人来分享到经济机会，参与到经济活动的过程，使他有收入可挣。实际上收入分配这一块是跟我们现在造富的这些东西是有关系的，那就是你为什么在这个发展的阶段会有那么多的超级富的群体，所以这些东西也是要改的，就是改变我们现在造成这个财富分配差距拉大的这些体制。所以这个问题就是如果我们要素的市场不能够通，那就会造成不平等的机会，就会造成整个经济的这种机会上的不平等。

我们不能简单倾向城市化，我们一定是城乡两块要平衡，有人说，中国下一个主战场就是在城市，这是错的。我们上一轮的主战场就是在城市，这个路要改，就是说一定要把原来单纯的卖地模式的城市化要改掉，就是不断地靠土地的融资来拉高这个我们的资产的价格，拉高以房子为主的财产在整个收入中的权重,这个东西必须要改掉。

就是城市要回归城市的本质,实际上应该有更多的人在这个城市里去生活,而且他要活得起,要活得体面,所以很重要的就是,人在城市里要有公平的机会,要有参与,要有权利的更平等的这种分配。

人在里面活动,在这里消费,然后在这里就业,在这里受教育,那城市就会带来真正的机会。还有一个就是乡村。我们现在整个城市化率才60%,就造成乡村这么凋敝,在这里面很重要的就是,你不能让乡村只有要素往外走。

我们现在的人,只要你是年轻的人,你只要有知识,最后一条路就是往城市跑,这个是不对的,它一定是城乡要打通的。就是乡村不是以它作为衰败,作为中国城市化的终点。你看国外,它城和乡之间不是此消彼长的,它是城和乡之间不断地融合的,乡村变了形态,更多的要素也进到了乡村的区域,这样形成整个城乡的融合状态。所以我觉得就是乡村下一步的发展,整个中国城乡的形态,这些东西看上去是物理形态,但是背后是什么呢?背后是畅通循环,畅通整个中国城乡的这种循环,城乡的循环带来整个城乡融合的状态,带来更多的人在城乡的要素的流通、更多经济的机会。

再来看我们新的经济机会,最近我们学院关注很多的就是数字的作用,现在很重要的就是,数字经济到底如何成为一个推动中国经济转型的力量,这是很重要的。

就是说整个中国的数字经济，我们互联网的这个发展和互联网带来的这些平台经济的发展，很重要的是因为原来的整个经济活动中的一些体制性的障碍，给互联网、给数字带来了更多的机会，这些平台兴起的原因是什么，就是你原来整个经济交易的成本太高，有一些体制性的障碍带来整个市场的阻隔，这就是平台、给数字带来机会。

数字未来起的一个作用是，更好地畅通整个国民经济的循环，那这里就包括你的生产的转型，我们的制造的转型，还有就是要进到整个治理的转型，也进到你体制的改革，进到你要素流通的这种转型，数字应该是推动整个国民经济更好地循环。

就是数字的革命在下一轮里面不能简单地把它理解为就是以数字作为我们生活中的一种形态，应该理解为它能推动整个国民经济循环更好地运转，那么推动我们整个经济的转型，推动我们整个治理的转型，那如果是这样的话，我觉得由数字带来这种技术革命，它实际上是能更好地突破我们制度性的障碍，带来整个中国国民经济效益的提高，那就是数字真正产生了红利，这种红利是制度的红利。

刘元春

"十四五"期间关键要做的第一件事就是,我们要通过核心关键技术攻坚战来突破美国对我们的"卡脖子"问题。

第二件事是我们要通过以国家为主导的基础研发体系,以及大市场孕育大创新的市场创新体系来真正实现创新驱动发展。

第三件事是要通过我们的自主优势,让中国经济在后疫情期间,能够得到快速的恢复,并保持较好的增长态势。因为疫情给全世界带来的不是简单的周期性、表象性的冲击,而是深度的、结构性的、趋势性的冲击,它会改变很多。那么谁能够在后疫情时代快速恢复,进入常态轨道之中,谁就能够在新的全球经济循环、全球分工体系中间获得重构。大家看到最近这几个月,我们的出口不仅没有下降,反而同比增长。那么原因就是我们国内的产业链、供应链率先得到恢复。所以即使在美国全面制裁时,我们也能够得到很好的增长。

第四件事是我们必须要在供给侧结构性改革的基础上,全面推出我们需求侧的深度改革,特别是在激发和需求潜能密切相关的收入分配体系、投融资体系上,要有深度的改革。我们能不能在"十四五"期间通过收入分配改革和国内大市场的进一步提升，来使我们的资本形成效率得到进一步的改进，是非常重要的问题，因为我们的内需驱动必须要依存于此。在"十四五"期间，我们需要在创新驱动、在收入分配改革和社会建设的基础上，跨越中等收入陷阱。我们的社会建设要到位，公共服务体系要完善，使我们稳定地跨越中等收入陷阱，稳定地步入到高收入阶段。

当然还有一个就是我们要根据世界经济的大变化、格局的调整打造新的参与国际经济的竞争力。这是突破美国封锁的关键，也是检验我们内循环等战略的关键。

魏建国

我觉得有三件事情我们一定要做好。

第一件,就是一定要把高质量的经济发展放在首位。就是我们"十四五"期间,能不能有一个高质量的经济发展,对应我们今后的很长时间的关键,这个高质量的发展,那就是要以供给侧的改革为主。把那些低效的、无效的解决,把有效的、高效的发挥出来。一句话,就是我们要把最高的经济效益体现出来,把最低的成本体现出来。

第二件,"十四五"期间我们要为今后长时间的工作做好基础,那么这长时间的工作最主要是什么呢?就是我们需要一个更加强劲的持续发展。这是我们下一步的关键。

第三件,很重要的,在这个里面要把国内大循环作为主体,通过发挥内需的潜力,能够使主循环发挥最大的作用。有些人问,当前我们的消费还不是太理想,也有很多人担心今年疫情过后本来消费要井喷,但是7月份的消费比去年同比下降了1.1%。大家不要担心,我认为我们在疫情过程中被抑制的消费欲望、消费能力、消费的条件都具备,现在各省、市在整体的疫情控制范围内,在大循环的流动中，消费这个方面也越来越发力了。那么什么时候我们的消费能够有比较好的增长呢？我认为，今年第四季度，是我们全国消费的加速阶段，是一个冲刺的阶段，也是到了我们消费对经济发力的阶段。所以第四季度消费将会有一个很亮丽的成绩单。我对这方面是乐观的，也请大家放心。结合中国目前各地的数字、疫情的防控，以及整体的人流、物流、资金流，特别是信息流以及资本流动来看，整体四季度我们消费会有一个非常好的成绩单。

夏斌

我们要实现国内循环为主体,国内国际"双循环"互相促进的这样一个高质量、有效率的大循环,落实到经济总体分析,应该是问题导向,从投资、消费、进出口三方面找出良性循环中关键的"梗阻"问题,抓紧解决目前国民经济要保持良性大循环而存在的问题,即不平衡、不协调、不可持续的问题。我认为重要的,要抓住10个"梗阻"问题,有10项任务。怎么解决?前面也都已提到,只能靠改革,靠新的制度供给或者政策调整。

所以,问到"十四五"期间关键要做的事,概括而言,就是制度改革。通过改革,补充新的制度供给,除此之外,没有其他办法。与此同时,"十四五"期间今后的10年内,会遇到我们改革开放以来从来没有遇到过的外部环境,是严重的不确定性。所以面对未来的严峻形势,除了要抓好不断进取的制度改革外,同时一定要稳住基本盘,要守住三条底线,这是必须同时兼顾的。

第一件事,确保能源的供给安全。现在中国经济已完全不是1979年前那点儿GDP了。这么大的经济体,全国各城市晚上灯火辉煌,老百姓的居家生活、交通出行已离不开电,加上工农业生产用电,已与过去完全不一样了。所以要稳住社会的基本秩序,能源供给必须保障。

第二件事，确保粮食的供给安全。中国14亿人口大国，14亿人的饭碗一定要端在自己手中。目前根据有关部门负责同志说，我们的三大主粮问题不大。现在主要是约90%大豆靠进口，2020年要进口9600多万吨。当然这不是粮食是油料，但大豆油料同样不可缺。更重要的是，各地的粮库数据是否有虚假？谁能打保票？不管怎么说，这么多的人口，外部环境越不确定，饭碗越要超前准备、端稳。

第三件事，确保不发生系统性金融风险。40多年的改革开放，我们取得了在人类经济史上从未有过的发展奇迹。同时，我们也看到了21世纪第一个10年我国"超级繁荣"付出的代价——结构不平衡、两极分化严重、金融风险隐患巨大，原有的增长方式不可能持续了。现在在想办法慢慢消化的时候，恰遇国际形势正趋严重不确定，我们的金融开放、资本账户开放又在加快速度，因此，如何守住系统性风险底线，这是一个既需要高度重视又较难处置的大事。

尽管这两年政府加强了去杠杆，情况有所好转，但是这根弦决不能放松。特别在疫情之下，全球各央行以美联储为首，大家"大放水"。我们的央行相对于平常年份来讲，货币供应也多增加了一点儿，因此决不能放松警惕。当然我也看到，我们的央行还是非常警惕地在密切关注这个风险问题。

徐洪才

"十四五"期间要做的事太多了,我觉得从重点工作来看,还是要持续地推进新型城镇化,这是第一个方面的工作。现在城镇化率只有60%,如果每年能增加1个百分点,到2035年就是把中国的城镇化率提升到75%的水平,这可以说算是基本完成了农村城镇化的历史任务,或者说达到了发达国家现在的城镇化的水平。这就会拉动消费的需求和投资的需求,农民变成市民,他的需求就不一样了。当然前提是他能找到工作,从土地当中解放出来,从事第二产业、第三产业。他的收入水平增加了,消费内容和结构就不一样了。另外城镇化的过程当中,建筑业、房地产行业的发展,还有城市基础设施的发展,拉动投资的需求,是中国的一个机遇。当然这里面要考虑到城市群的合理布局,以及区域经济的合理定位和一体化发展,把几个方面结合起来。

第二个方面的工作,就是制造业为核心的数字化、智能化的转型升级,这是产业现代化的核心。我们制造业规模很大,配套能力很强,产业链很完整,但是大而不强。未来提升制造业的竞争力,就是要靠发展数字经济,所以这一块我觉得我们有条件,要在这方面持续地发力。

第三个方面,我觉得就是要关注银发经济,或者叫老人经济。老龄化社会来临以后，大家想一想养老健康的需求会上升，也会带动我们产业结构的变化，提供新的发展商机。

第四个方面我觉得很重要，就是中国特色的国有企业的混合所有制改革。国有企业、国有资本要有所为有所不为。有选择地，在一些重点领域持续地发展，还要加大政策支持力度。但是在有些领域里面，我觉得要吸引更多的民间资本的参与，发挥民间投资的积极性，鼓励市场的充分竞争。像民生领域显然是短板。比如说养老的问题、幼儿园的问题，这些我觉得需要社会资本积极参与，尤其要发挥国有资本、国有企业的作用。因为在这些领域里面更多地关注社会效益，经济效益可能是第二位的，那这时候国有企业就应该承担更大的责任。

第五个方面我觉得就是要提高低收入群体的收入，或者说通过提高低收入群体的收入，做大中等收入群体的规模。因为目前中等收入群体的规模只有4亿人口，规模太小，未来我们要尽快把这一块蛋糕做大。"十四五"期间的一个重要历史任务，就是提高老百姓的人均可支配收入水平。靠什么？靠扩大就业，靠产业结构的调整，靠农村城镇化，靠社会保障制度的进一步完善，是靠现代服务业的发展，靠鼓励创新创业活动，改善营商环境，增加老百姓的收入。老百姓口袋里有钱了，有消费能力了，经济就可以持续发展，我们就可以跨越"中等收入陷阱"。

未来5年能不能够持续地努力，让我国的人均GDP达到1.3万美元？我觉得这个难度是很大的，可能到2026年我们会达到这样一个水平，中国就可以成功地跨越"中等收入陷阱"，这就是个了不起的成就。有6亿多人口每个月的收入不到1000块钱，这说明我们未来这个经济社会发展任重而道远。发展还是硬道理，还要通过持续地努力改革创新，扩大开放，来释放制度的红利。

姚洋

我就说纯粹国内经济，不说对外关系。我觉得中国这5年的时间就是无论如何，一定要把芯片这个领域，不是说全产业链都做起来，但至少我们的关键领域要有所突破。比方说我们的上海微电子，它现在生产的光刻机达到28纳米，5年之内我们能不能上一个台阶达到14纳米？然后呢，我们的辅助设计软件，也有企业在做，能不能至少跟国际打一个平手，至少在国内能参与竞争？因为这个美国一卡就把我们都卡死了。中芯国际，现在能够实现14纳米，能不能未来5年内提升一点儿，实现7纳米，或者它自己的所谓N+1工艺能够实现。这是在技术领域我认为一定要突破的。那么技术的其他领域我们就交给市场去做。政府集中力量去做一两件事情就可以了，5年的时间并不长，集中资源，把这一两件事做好就不错了。

其他领域呢，说起来就多了，我觉得核心还是要实现市场在资源配置中起决定性作用。我认为应该把这个事情落实了，各个部委、地方政府对照这条来找差距。否则就会停留在纸面上，落实不下去。

张军

"十四五"这5年应该是很特别的,因为现在跟5年前相比很多事情有了根本的改变,未来5年我们要做的事自然也要有相当大的不同。现在一个是中美(经贸)关系的倒退,一个是全球经济萧条的到来,这对我们未来的经济发展会有非常大的影响,"十四五"的规划肯定要考虑这些大变局,规划和战略必然要做出大的调整。

这些变局虽然我们几年前多少有所预料,但来得这么快、这么猛,我想是出乎意料的吧。2018年年初中美贸易发生严重摩擦的时候,我们大都觉得这个摩擦再正常不过,日本、韩国都有过,没有什么了不起,通过双边对话和磋商,中美之间肯定能找到解决办法,事情慢慢会过去。老实说,我们大家应该都有这样一个基本的估计,不太有人把中美贸易摩擦看得对中国特别的危险,即便是海外研究中国经济的专家们也有类似共识,就是中美贸易摩擦会得到解决。事实也是这样,经过多轮磋商,双方达成了协议。总的来说,中国经济在2008年以后已经开始纠正贸易不平衡问题,扩大更多的内需市场,把对全球的贸易余额大幅度降了下来,从2007年占GDP 10%下降到现在差不多接近完全平衡。即便是贸易总额,相对于GDP的比重,也从最高时大约65%下降到现在的差不多30%的水平。至于说中美双边贸易还存在不平衡,大家都理解是一个需要靠双方共同努力的问题，特朗普上台之后，策略性地选择在这个问题上持续给中国施压，中国也确实承诺开放更多的市场给美国。

但是这次突如其来的疫情让情况发生了根本性变化。两个因素互相叠加，一是美国进入大选季，特朗普为了争取连任要甩锅推责，拿疫情来说事，再加上之前存留的中美贸易逆差问题，突然转变对中国的态度，政治上采取敌对政策，威胁与中国全面脱钩，打压中国科技公司，甚至要终止与中国学术与教育的往来。这已经走得太远，这一切已不能简单归因于大选需要了。这在很大程度上反映出美国朝野对中国经济崛起和中国发展模式的态度，值得我们高度警惕。

这次全球疫情大流行对很多发达国家的经济确实造成了前所未有的巨大冲击，比上一次大萧条有过之而无不及。美国前财政部长萨默斯说，全球经济进入了长期停滞，意思是说，除了修修补补，艰难度日，未来10年都不太可能再有起色。大多数经济学家对全球的经济未来表示悲观，所以在很大程度上确实出现了"百年未遇之大变局"。而未来10年正好又是中国确定的分两步走实现第二个百年目标的关键时候。按计划，2020年是我们第一个百年目标完成年，然后开启第二个百年目标。从2021年到2035年这15年，是第一个"奋斗十五年"，我们要做三个"五年规划"，落实第一步的发展目标。现在做的"十四五"规划正好是第一个"奋斗十五年"的第一个5年规划，而且经历"百年未有之大变局"的开始。跟美国的关系改变以及疫情造成的全球贸易、投资和经济的持久衰退和萧条，会给中国经济发展造成什么影响、多大的影响，这些问题都必须要有充分的估计。在这个条件下，我们才能做出客观的和实事求是的规划来。

12

主题十二

关注
劳动人口减少

About
Population Decline

贺铿

我不是人口专家,但是对这个问题也有些我的看法,我觉得不要走极端。一直以来,计划生育抓得那么严,好像人口多得不得了,现在还有14亿人口,又焦虑不安,急着什么老龄社会到了。

我看中国从长远来讲,还是要强调人口平衡地增长,这个按自然规律走,最好还是要希望大家优生优育,不要觉得劳动力是个很大的问题。我们随着社会的发展,人口素质提高,文化水平提高,人的观念是在不断变化的。

基本上真正发达国家人口增长速度都会慢下来,中国也会这样。慢下来不是太坏的事情,当然如果总是长期处于负增长那也不好。我们现在还没有到这个程度。劳动力的再生产那就是马克思的观点,应该有一个均衡的劳动力再生产的过程,才能维护和维系这个社会再生产向前发展。而现在这个信息时代、智能时代,真正依靠人的体力劳动来维系社会再生产这个过程,可能不像过去对劳动力的需求那么旺盛。应该是追求高质量的人口增长,而不是讲求数量的增长,所以我不那么担忧。

刘元春

　　老龄化问题是未来我们高度关注的。老龄化加速期带来的第一个现象就是我们的潜在就业人口持续下降,这可能导致我们的传统人口红利加速递减。但是人口决定经济增长的情况在很多国家并没有出现,比如说像美国、德国都没有出现。如果要延缓传统人口红利衰竭所带来的结构性、趋势性的影响,我们就必须要在人才战略上加码,用人才红利来替代传统的人口红利。这方面我们由于教育水平的深化、人力资源进一步的积累,再加上我们户籍制度的改革、人口流动的优化,还有我们创业人员、科技人员的规模和数字进一步的提升,我们相信劳动力人口的下降、人口老龄化所带来的对经济的冲击,完全会在科技和人才红利,以及要素市场改革的红利的对冲下,得到大大的缓解。因此我们不要谈人口色变,更不要陷入人口决定论里。虽然我们必须要高度重视并面对人口老龄化带来的一系列的问题,但是我们也必须看到我们作为教育强国、人才强国、未来的科技强国的潜力。

张军

随着出生率的转变，我们的劳动力增加的速度在2010年左右就出现拐点了。这个变化可能是结构性的，不太会逆转了。这对中国经济当然有影响。主要的影响体现在我们的潜在增长率会降下来，日本和韩国都是这样，都经历了这样的结构性变化。至于降下来多大的幅度，不好说，但我想毕竟我们的人均收入和资本存量还没有达到低增长的临界值，应该有大约7%的增长潜力。要注意，这几年我们主动下调了我们的增长目标，政府对增长的预期也确实没有那么高了，2013年以前我们的增长目标值一直是在8%，最近这些年我们逐年下调增长目标，到了6%左右，甚至政府容忍的增长目标再低一点儿都没有关系。下调增长目标的原因是多方面的，因为要考虑环境成本，要更多关注民生，也要处理过高的杠杆率，并进行产业结构的调整。但是，下调增长目标之所以是可能的，主要是因为劳动人口的持续减少和流动人口规模的锐减，就业压力显著下降了，而且随着互联网和新技术的普及，新的经济活动不断涌现，年轻人自我就业和创业的机会大增。这些都有助于吸纳因经济增长放缓造成的就业压力。

13
主题十三

新趋势下的城镇化

Urbanization in
the Next Five Years

贺铿

城镇化很重要。我一直是这个观点：我们的城市化，现在不是快了，而是慢了。我们实际的城市化率应该说还是低，我们从统计局的数字来看，城市化率60%，但实际上真正的城市化率没有这么高。因为我们有2.9亿农民工。这2.9亿农民工，城市并不考虑他们的具体的利益要求，你看说孩子上学，城市不管，所以他们仅仅是在城市里面打个工、挣个钱而已，这部分人是算不了真正的城市人口的。所以说把这部分人口扣除掉，我曾经算过，我们真实的城市化率可能还不到40%，这样一个城市化率对这个工业化的社会、发达的社会，是很不够的。

就算是一个中等发达国家，城市化率也应该在80%以上，那么什么样的国家，是中等发达的国家呢？理论家们一般都认为韩国，应该算是中等发达的国家，那么它们的城市化率现在都在85%（韩国高于85%）。所以我们跟它们来比，就要使我们的国家尽快地进入一个中等发达水平，我们应该在两个一百年的时候，让中国争取成为一个中等发达的国家，那我们的城市化必须加快。

刘元春

　　城镇化是我们在"十四五"规划里面，社会结构大变化的很重要的参数，也是我们进一步地进行内需潜力释放的一个载体。我们的 2.5 亿农民工，他们要完全市民化，这个过程直接会带来消费提升，直接会带来他们劳动生产效率的提升。它在供给端和需求端都会产生一个很好的效果，但是城镇化本身也是有成本的，"十四五"期间是我们城镇化深度推进、市民化加速进展的过程，如何承担和化解城镇化带来的成本是一个关键。当然这也是我们以都市圈、城市带、城市群为载体的这样的发展战略落实的关键点，是我们打造新增长期的一个关键点。目前国家已经在这上面，以"两新一重"——新基建、新型城镇化、重大工程，已经做了很好的布局，这是我们在经济社会把控的一个关键点。

张军

这几年，国家层面上对中国经济的区域融合考虑得比较多。这也是因为通过这 40 年的高速发展，现在到了思考我们怎么样更好地深耕我们国内市场的时候了。我们现在已经提出区域经济融合的多个战略，包括长三角一体化、粤港澳大湾区、京津冀协同发展、长江经济带发展、重庆成都的双城经济圈战略，提出了很多。我觉得中国的城市化进程必须与区域融合的战略保持方向的一致，因为区域融合战略是基于现有的城市群和都市圈而做出的。这一定是代表中国城市化的方向。我不赞成城镇化的提法，因为无论经济总量，还是人口流动，区域融合的发展战略都是以超大和特大城市、大城市为主的城市群来推动的，这就意味着说我们未来的城市化的格局应该是和城市群的分布高度叠加的，我们不可能反其道而行之。尤其像长三角和长江经济带，这是中国的天然发展轴，因为上海对长三角有巨大的辐射能力，而长三角又是整个长江经济带的龙头。目前长三角的经济总量占中国的 1/4，长江经济带的经济总量占全国的接近一半，这是中国经济意义上真正的发展轴。再加上京津冀、粤港澳，其实 70% 多的 GDP 总量都会集中在这些地方。这意味着人口的聚集也应该会在这些地方。

14

主题十四

关于区域规划的思考

About
Regional Planning

陆铭

不管从户籍制度、土地供应导致的房价、公共服务短缺，还是廉租房、公租房的覆盖，最主要的矛盾都在大城市。那么接下来的问题就是，政策还有什么呢？就是大城市得松绑。把问题症结也找到了，那么户籍要放开、土地供应要增加、公共服务要多提供广覆盖。廉租房、公租房要覆盖到外地人。这么一来的话，大城市人口是不是得增长？如果增长怎么办？就要建更多的房子。城市面积要扩张，于是大城市就会发展成为都市圈。更不要说在我刚刚讲的几个问题基础之上，未来大都市、大城市引领的都市圈，还会成为创新的中心。人力资本、教育发展，带来人口的质量提升；创新动力、科技发展，成为国家的引擎，所以都市圈的作用就逐渐体现出来了。这次我在经济社会领域专家座谈会上的发言，核心的观点就是在讲，要形成以大城市为中心的都市圈和城市群发展战略，其中的重点其实就是要制订规划，按照不同的等级和发展的空间，来制订30公里—80公里半径不等的都市圈规划。

城乡之间最重要的问题有三个。第一方面，要继续推进城市化。继续推进城市化有几大好处：一是创造就业、提高收入。二是缩小城乡间收入差距。三是农业能够有更好的条件走向规模化和现代化，可以让中国农产品通过规模经营来降低成本，提高国际竞争力。

前面我们已经讲了"双循环"了，在我举的农业的例子里，"内循环"和"外循环"是相互影响、相互促进的。城市化表面上看起来是内循环的问题，但通过城市化的进程，可以推进农业的规模经营，提高农产品的国际竞争力，这是"外循环"问题。这是人口方面。然后再来讲土地，在农村发展里面要解决两个问题。

首先，就是农村人少了以后，农业的规模化和现代化怎么进行？这一定会涉及农业用地的流转问题。还有就是建设用地。建设用地里面又分成两种：一种是非宅基地的建设用地，比如说乡镇企业、基础设施所面临的用地，那么这种现在有一个名称，这个名称我觉得不是很好，但是既然大家用我就也用，叫"集体经营性建设用地"。这一块现在已经清楚了，可以同权同价，可以自由入市。那么矛盾在哪里呢？宅基地，中国今天的农村宅基地有 1/3 左右是空着的。1/3 是平均数，那么这意味着什么呢？就是还有相当多的村子已经没人了。那怎么办？现在有一个课题叫作"农村闲置宅基地有效利用"。目前的法规到什么程度呢？目前的法规是说，宅基地可以在同村居民之间进行流转。那问题来了，如果我这地方是个人口流出地，我离开我的老家了，我的邻居也离开老家了，我把我的宅基地流转给谁？这是一个问题。

其次，宅基地现在有一些事实上已经转非居住功能了。比如说有的地方是旅游景点，再比如说我的宅基地里面可不可以开个农家乐、可不可以开民宿？既然它已经是非居住功能了，那么我前面讲有一个词我不太喜欢，叫"集体经营性建设用地"。那么非居住功能的民宿和旅游用地，叫不叫"集体经营性建设用地"？这里边有模糊地带了，那么如果是的话，我可不可以流转？可不可以买卖？再往下来看，那么宅基地现在就是可以复耕，复耕完了以后就可以进行指标流转了,就可以卖到发达地区了。但是目前宅基地复耕,卖到发达地区,如果是跨省的话,仅仅允许贫困和极度贫困地区的宅基地复耕以后的指标可以跨省流转,否则的话你只能在省内流转。那我就再往下问:如果我现在在上海打工十几年了,我也不想回老家了,但是我老家又不是一个贫困地区,我可不可以把我老家的宅基地复耕以后产生的指标带到上海来呢?这又是一个问题。

而且,农村的宅基地现在是说,只有复耕为农业用地,才可以把对应的指标拿出来去流转的。那我问一个问题:在现实里面已经都发生了,如果我家里的宅基地空了,我拿它来养鸭子,那么这个叫宅基地,还是叫农业用地?

说宅基地,肯定也不是宅基地了,但如果叫农业用地,它也没有复耕,那么这种情况可不可以也算作宅基地已经转成农业用途了,把对应的指标能够解放出来。所以我这样讲了以后就知道矛盾在哪里了,就是我们的改革还有进一步深化的空间。这是第二个方面。

第三方面就是钱,因为我讲人、地、钱三件事。我们现在对农村有大量财政转移支付,那么财政转移支付做什么呢?同样是财政转移支付,我在哪里用这个钱?比如说我举一个例子,对于教育的财政转移支付,我们现在对缺乏的地区是有教育补偿的,就是教育的补贴。

我就问:第一,我是该补在农村建学校,还是应该更多地把这个钱放到人口流入地去建学校?第二,我按照户籍制度补,还是按照常住人口补?目前是按照户籍人口补的。我补给欠发达地区的补贴我可不可以带着走,带到我流入的地方去用?这个问题要提出来的。就是要按照常住人口来补,不是按照户籍人口来补,而且教育补贴是可以携带的。我只举了教育资源的补贴,其实这是最典型的,其他东西可以参照的。

再接下来,这补贴是用来干什么的?比如说你如果用来进行宅基地的复耕,我觉得没问题的,因为这本来就是农村要做的事。但是可以看到现在在农村,有些地方用财政补贴的资金在农村修了一个健康步道,我就很怀疑了。农村地区有多少老头老太太,在晚上吃完饭以后,是到村委那里,沿着你的步道绕一圈?我们有很多钱在花的时候是按照城市人的想象,以为农民的生活方式跟我们城里人是一样的,但其实这笔钱花得中看不中用。我只举了一些例子,所以要关注人、地、钱三个方面的生产要素的用法如何更加有效,更加能够符合经济发展规律,更加能够满足人民对美好生活的向往。

15
主题十五

房地产观察

About the
Real Estate Market

陆铭

关于房价的问题，我们可以想想经济学的最基本道理。最基本的道理是不是价格是由供求来决定的？最后的房价实际上是要看供给和需求两个方面的原因。那如果要是供给这边不动的话，那么由于人口集中的趋势，它就会带来房价的上涨。问题是当你面临这样的供给和需求的矛盾，出现房价上涨的时候，你应该是控制需求还是增加供给？根据我的观点，你应该增加供给。这次我在经济社会领域专家座谈会上的发言也这样讲的，有些地方的房价上涨是因为短缺导致的，对于短缺导致的价格上涨，是没有理由控制需求的，而应该增加供给。

那么你的问题是，如果放开的话是不是房价就飙升？你的这个判断是基于我供给不动。但你为什么不可以在放开管制的时候，同时也增加供应呢？这样就是说可以数量增加，价格不变。

但是，不是说不要去管需求，而是要看你管什么性质的需求。如果你现在管需求是根据谁手上囤的房子多来管，比如说实施边际税率，比如未来要增加物业税，根据住房的套数和面积来管，这个是对的。这是因为在过去大概有20年的房价上涨周期里，大量房价的上涨红利，是被那些早买房、多买房的富人所拥有的，这导致了财富不均问题。那么如果我现在管房价的目的不是为了控制房价本身，而是为了解决财富不均问题，就是应该管的。

但请注意，你管的不是增量的需求，是存量的财产。在增量上你可以规定，比如说每一户只有两套房，或者人均面积，说多少平方米你可以管，但是在这部分增量的需求里，你不应该设身份条件，不应该按照户籍来区分，你本地人就能买，外地人就不能买。对外地人，可以说在本地交了1年社保你就可以买，但是我不觉得有理由说必须要交到5年才能买。尤其是不能限制单身买房，没有任何理由限制单身买房。你可以按照人均来限制，比如人均50平方米，单身的只能买50平方米，那么两个人可以买100平方米。但是我认为，没有任何理由限制单身买房。

滕泰

房价的变化一般受到土地供应的因素、人口城镇化的因素、居民收入的因素、房地产金融的因素，还有资产配置因素等这 5 个方面的影响。

首先从居民收入来看，房价永远跟居民收入正相关，居民收入涨得快房价就涨得快，居民收入如果增速回落，那房价也涨得快。2020 年居民收入增速比往年显著回落，不支持房价上涨。

其次是城镇化，或者是人口迁徙，澳大利亚、新西兰，包括中国过去几年房价涨得都不错，全是因为人口。每年百分之一点几的人口进入城市，总量上它会支持房价的上涨，现在看人口进城市的速度会放缓，可能未必支持房价的上涨。

房地产金融现在来看是受控的；土地供给方面，可能今年、明年大家会看出其实是增加的；最后一个资产配置因素，房价涨的时候大家都去买房子，这是一个正向因素，房价不涨了，大家就不买了，是个负向因素。

所以从这 5 个方面来看的话，我觉得中国现在再去把配置房产作为一个投资肯定不是好时候，但是也不排除局部的某些区域的房价还会持续上涨，比如像大湾区的地区，经济有活力，教育、文化环境也都在改善，但是珠海、中山、佛山、汕头，这些地区房价相对于长三角的无锡、苏州要低很多，类似于这样的地区还是可以关注的。

魏建国

我个人认为,中央已经对房地产这一块做出明确的表态,就是房子是用来住的,不是用来炒的。那么现在有一个明确的问题,就是说我们这些大学生对目前的高房价怎么解决,其实有很多现成比较好的国际上的经验,我们应该吸收。比如说新加坡的确保公务员的做法,或者确保我们一般收入居民的做法,这些都是在整个发展中国家,发展过程中遇到的一个普遍性问题,但是我们国家解决这个问题,能够比较平稳地,让老百姓能够渴望得到住房安居乐业的这种愿望实现,这个我觉得需要一个过程。这个我想很快会解决,所以大学生们也应该有信心。如果是你有条件,当然你现在可以买,而且我相信未来政府会出台更多的房地产政策,比如照顾到普通劳动者、普通家庭收入的一些廉租房、供给房,到时候房子能够真正实现是用来住的,而不是用来炒的,那个时候你再开始你的选择,那就是最好的选择。

16

主题十六

医疗改革观察

About
Health Care Reform

刘国恩

新冠疫情带给我们几点重要启示：第一个是在今天看上去已经高度发达的科技时代，人类驾驭自然界或主导其他物种的能力，远非我们想象的那么强大。新冠病毒，严格意义上还算不上一个完整的生物体，因为它还不能自我复制，而需要寄生于细胞才能繁殖。这么小的物种，可以把人类世界搞得如此天翻地覆，至今没有安宁。所以我觉得人类在认识自然界，以及应对生存和发展的风险上，还得有更多的谦卑和敬畏之心。

第二个是新冠这样的全球流行病，任何国家无法独善其身，更无可能完全自行解决。不同国家遭受的新冠病毒袭击，因为时间的先后，或因毒株类型和严重程度分布不同，可能暂时处于不同的灾后恢复状态。因此，地区阶段性的优势状态，不等于终极完胜，既不该自满大意，更不宜奚落别人。像新冠这样的全球大规模流行病，只要还在世界上的任何角落泛滥，其他地方也就不能算是脱离险境。所以，付诸同情的援助之手，协同抗疫，相互支持，才是文明之举，也是当务之急。

第三个是理性、科学地应对。人类在受到新冠这个新物种的初期冲击之时，因为知之甚少，过失或过度的反应在所难免，可以理解。但是随着时间的推移，信息、数据越来越完整，人们的认知水平不断提高。因为人类发展进程从来就是一部伴随和应对各种风险的演进史，应对新冠病毒的理性行动要求人们不仅考虑眼前的直接影响，还应该考虑人类面临的其他重大疾病威胁的相对影响，从而基于全局的角度来更有效地实施抗疫措施和配置有限资源。

我们需要从医疗资源的配置，到经济活动和社会生活的安排上，从长计议、全面考量，防范因为顾此失彼，造成更大、更多的次生灾害损失。比如说人们的心血管疾病、肿瘤疾病，尽管不是公共传染性疾病，但每个人的自发性风险非常高，影响程度也更严重，其对人类生命健康与社会经济活动的影响事实上更大。重大慢性非传染性疾病虽然与人类形影不离，但在人类长期的医疗实践中，人们的防控能力也在不断提高。因此，在继续抗击新冠疫情的同时，各级医疗机构更应该及时处置那些我们目前还有能力可防、可控、可治的诸多急慢病问题。

国家"十四五"规划出台在即，医改规划是其重要组成部分。在我看来，"十四五"医改规划的重点并非要标新立异，而是如何更好地落实"十三五"医改规划的若干重要任务，比如"分级诊疗"这件要务就需要继续更好地完成。

所谓分级诊疗，讲的是各级医疗机构（基层诊所、全科、专科、大医院等）各有各的长处和特点。基于经济学常识，医疗服务供给理应根据各级机构各自的比较优势，进行市场分工，才能提供更有效率的服务。然而，中国医疗系统长期面临的一大问题是，脱胎于计划经济的结构体系，加上长期强大的行政干预，医疗供给侧的资源配置结构是上大下小，而医疗需求端的结构正好相反，导致市场供需失衡成为必然。因为资源高度集中在大医院，巨大的虹吸效应必然引导患者集中到大医院看病就医，形成了现行的中国"特色"医疗模式。

相对于大医院拥堵不堪的"常态"，基层医疗的门诊服务长期处于低效运行状态，有人甚至形容为"门可罗雀"，虽然有些夸张，但也足以说明我们医疗服务体系的结构性问题的确严重。因此，中国现行的基层医疗、社会办医的平台，应该具有非常大的空间、发挥更大更好的作用。分级诊疗做得好，促进门诊服务、健康管理等下沉到社区基层，一方面降低服务成本，提高就医效率和方便程度；一方面又把高端的医院服务更好让位给真正需要急诊、住院、专科诊疗的人群。观察此次应对新冠疫情的几个月以来，我们一方面感激和见证了大医院医务工作者的高强度工作，为绝大多数新冠患者提供了良好的医院诊疗与护理服务。另一方面，我们也应该注意到，如果分级诊疗做得更好一些，新冠抗疫的医疗资源配置效率可能还能提升不少，同时也能降低大医院一线医务人员所承受的巨大工作强度和服务压力。

具体地讲，根据目前国内外公开发表的科学研究成果，各国新冠患者面临的死亡风险和严重程度，几乎都高度一致地与年龄密切相关。以极端严重的意大利为例，80岁以上的患有新冠的老人，其死亡风险高达20%，1/5面临死亡。然而，只要年龄下降10岁，死亡率显著降低：60—70岁的新冠患者面临的死亡风险大幅下降到10%左右；50岁以下的死亡风险降低到0.4%，即千分之四左右，这与发达国家的正常婴儿死亡率相差无几。基于如此科学证据，如果新冠卷土重来，我们是否应该根据新冠患者的年龄进行更有效的分级治疗呢？我相信其服务效率应该会更好，患者就医更为方便，大医院工作者也少劳累点儿，医疗成本也能降低一些，同时也为基层医疗和社会办医的参与提供了更多机会。

另外，因为新冠疫情的大流行特征，公众对无接触服务的需求可能会有一个大幅增长的变化，这为无接触的创新服务平台提供了巨大的新动能。借此东风，如果相关政策能够跟进，在继续加强安全的前提下，能够消除若干不必要的制度性准入障碍，数字技术和大数据推动的网上医疗、远程医疗可望会有一个大发展。果真如此，中国医疗服务体系也许能够取得数字化革命的一大进步，这不仅会促使中国医疗服务供给能力的转型升级，更重要的是有助于实质性地降低医疗服务的城乡差距，因为数字化的远程医疗使得优质医务人员的执业地点可以更加灵活和更好改善。

在"十四五"期间医疗卫生体制要做的关键事情不少，前面讲的数字化医疗就是重点之一。另外，我以为还是分级诊疗。还有，社会办医的步伐和力度可以再大一些。加强社会力量在中国医疗服务中的作用，不仅有助于提高医疗服务的全要素生产率，也有利于更好地满足人们就医服务的多元化需求。一般而言，政府主导的公共医疗应该坚持全民服务的一致性和公平性取向的目标，对中等收入的国家而言，该目标客观上决定了公共医疗卫生服务的"基本"性定位。与此同时，随着收入水平的提高和全球化发展，人们就医需求的不断多元化也是客观趋势。因此，非政府力量的社会办医自然成为满足人们多元化医疗需求的优势选项。这样的话，中国实现全民医疗保障的发展目标就有了两大有机结合的制度安排：公共基本医疗和社会多元医疗。当然，发展社会办医离不开同步推进两大改革。一是公立医院改革，解决服务市场供给侧的结构优化问题。二是医保制度改革，核心在于优化支付手段：一方面解决如何有效、公平地购买医疗服务供给的契约问题；一方面解决在预算约束下如何优化居民的服务需求问题。

医疗卫生体制改革的机会永远都在路上。当下，新冠疫情还在全球蔓延，中国境内也还面临"死灰复燃"的风险。在此大背景下，无论政府部门还是社会主体，都前所未有地深刻认识到人类健康与经济增长的相互影响关系，从而系统性地提高了人们关注健康、投资医疗的巨大热情。可以说，医疗卫生产业迎来一个大发展的时期是大概率事件。因此，如何抓住新冠疫情所引发的影响，变危机为契机，为中国医疗卫生的全面发展和优化改革创造条件，应该是我们能够做的一件大事。总之，我毫不怀疑医疗供给的市场规模在未来几年会出现大幅增长的趋势。与此同时，我更希望通过社会广泛的交流、讨论，提高认知和共识，促进政府投入和市场投资能够在服务结构上有所优化，从而使未来更多的资源配置到效率更高、服务更好的短板方面。具体而言，针对上面提到的现行医疗服务体系在供需两侧的结构性失衡问题，我们应该探讨如何鼓励和引导新增资源投向更好面向社区医疗平台和社会办医的能力建设方面，同时加强已经"肥胖"的大医院"减肥瘦身"的健康行动，特别要防止进一步扩张的问题。从医疗技术角度看，数字医疗、远程医疗及其大数据的开放应用也是未来的医改重点和发展关键。

17
主题十七

互联网、人工智能对经济学规律的影响

The Impact of the
Internet and AI on Economics

管涛

用机器替代人可以提高劳动生产效率，支持经济总量稳定甚至有所增长。但从收入分配角度来讲，可能会引起社会利益格局的变化。因为机器投入属于资本投入，这就意味着生产要素分配中更多会向资本倾斜，进而可能加剧收入分配不平等问题。

比如美国铁锈地带的工人失业问题，有观点认为，并不完全是因为经济全球化造成的，也有部分原因是机器替代人、生产自动化程度提高所致。那些低端的工作不用人去做了，而是机器去做了。

但是，生产效率提高产生的好处绝大部分被资本家拿走了，工人分到的较少，甚至有些工人的工作被机器替代了。将来不排除机器替代人的现象更加普遍后，资本在收入分配中的比重进一步增加，这将会造成更多的失业，并进一步拉开收入差距，进而抑制有效需求，加剧世界经济低利率、低通胀、低增长的发展格局。

经济学是一门社会科学，它的研究对象是社会利益关系的调整。但往往我们研究经济问题的时候，会简单地从冷冰冰的数字去看结果，而可能把这种利益关系的调整给忽视了。机器替代人以后，虽然经济总量变化不大，但可能收入分配结构会有大的变化。这时候，需要政府发挥财税政策对收入分配的调节作用，突出一次分配讲效率，二次分配讲公平。如果将来中国进入老龄化社会，出现机器替代人的现象，可能对此需要提前谋划设计。

贺铿

经济规律有"普遍规律"和"特殊规律"。互联网和人工智能不可能改变"普遍规律",例如生产关系一定要适应生产力的规律。有人把智能社会解释过度,好像将来人类社会要交给机器人来控制一样的,这是不可能的。所以我强调机器人无论怎么发展,智能社会无论怎么智能,都是一个生产工具,是人类制造出来的生产工具,所以我不赞成包括一些社会学家的看法。人类社会由于生产力的发展,将来这个社会劳动、生产过程当中,可能在一线劳动的主要不是自然人,而是机器人,这个现象是一定出现的。而自然人呢,它主要是控制机器人劳动,而且生产设计出新的机器人,这是自然人的任务,因为社会要向前发展,归根结底是自然人的发展,而不是说机器人能改变这个社会。但是,生产力水平的发展提高,有可能改变某些"特殊规律"。例如"剩余价值规律""按劳分配规律"等。

主题十七 | 互联网、人工智能对经济学规律的影响

李稻葵

首先互联网会改变经济学的研究方法。我相信年轻一代的经济学学者一定会用更加精确的数据方法、更加及时地去研究正在发生的经济现象。举例子的话就是疫情期间用腾讯、用阿里巴巴的数据来很快地反应经济体的运行。

互联网和人工智能，对经济学最深层次的一些规律可能不会有重大的影响。深层次的这个规律是什么？就是人的行为是多个层面的：人有社会行为，有政治行为，也有经济思维和经济行为。在不同的场合下，他会表现得不一样。比如说在跟不认识的人打交道，或在上班的时候，8小时之内他更多的表现是经济思维，比如他要跟别人谈判、讨价还价；8小时之外，在家庭表现的是一种家庭行为，那他就不谈个人经济利益了；在政治场合呢，他又谈的是政治行为，追求的是影响力、权利、尊重。所以这是最基本的规律，就是人的经济行为是基础，只有满足了经济需求，人才会进一步演进到政治行为和其他社会行为。这个规律是没有变的。

但是互联网、人工智能来了以后，它会影响什么呢？它首先会影响人的行为，人可能更多地表现出社会行为。因为基本的经济生存可能变得相对不那么重要了，在互联网和人工智能来了以后，生产能力大幅度提高，所以人更多地

会表现出一种利他的社会行为，或者是政治行为，追求的是尊重。所以就是说最基本的规律没有变——人参与社会活动的基础是经济行为和经济动力，这个没有变。但是他在边界可能有所改变，可能他程度有所改变，更多的是考虑社会行为了，在社会行为驱动下他有一套新的行为机制。

举个例子，比如说我们一天24个小时，除了睡觉之外，我们大量的时间用在社交上、在微信上。在移动互联网的交往中，大量的行为是干什么呢？是在争取或者维持和别人的感情，包括尊重。你给我发一个帖子赞扬我，我开心；但是过一会儿你发个朋友圈我也得点赞你啊。这本身是什么呢？是一个情感的交易，不是经济交易，不是为了生存，我不玩这个我照样能生存。所以这个东西会变。

我倒认为，互联网和人工智能不会改变最根本的经济学的一些规律，但是会让很多非经济的行为进入我们的社会活动中来，会影响我们社会人的行为。从这个意义上讲，经济学可能要与时俱进，就是要更多地理解很多社会交往中的非经济行为。我也提醒我的同行，包括我自己，我们不能像过去那样过多地用利己主义的、纯粹的经济人的行为来解释很多社会现象，我们必须要开阔眼界。从这个意义上讲，互联网和人工智能在改变我们的经济学。

主题十七 | 互联网、人工智能对经济学规律的影响

刘国恩

对我来说，这是个陌生问题。既然问到了，我尝试作答，不一定对。我想，互联网和人工智能对经济学的影响可能非常深远，但短期内我无法想象它对经济学规律的任何根本性改变。举例而言，经济学的规律之一是人类的任何选择都必然付出机会成本，即一个选择必然意味着放弃另外一个选择的代价。难以想象，人工智能如何能够使我们的选择逃避掉机会成本。理论上看，人工智能无非是基于非常高效的技术手段，实现对发生过的庞大信息进行收集、处理、分析、提炼，最后植入到远超人脑能力的系统中，随时可以根据提出的问题进行全面快速检索、运算和比对分析，从而做出"最优"选择。但是，无论一个选择多么"优化"，还是得放弃其他选择，从而无法逃离机会成本的约束。边际效应递减是经济学的另一个规律。

试想，无论人工智能如何改变餐桌上的美食餐饮，你可能永远没有机会见证这样的"奇迹"：同样一顿美食从饥饿的第一口到饱后的最后一口，享受程度一点儿不减！我倒是曾经想象过这样一个相关问题：人工智能是否能够替代经济学家写作优秀论文？但到目前为止，我们并未见到奇迹的发生。人工智能可能帮你更有效地进行文献检索和综述，当然也能大幅提高你的计算能力。但是，它如何能够替代大脑从事原创性劳动，而非简单的模仿或抄袭呢？因为创

新必须是对既定东西的创造性破坏，如果基于现有文献与发生信息进行机器学习必须是人工智能的基础，它又如何突破自身存在条件的约束进行自我"颠覆"呢？从这个意义上看，我们不得不相信生物学家的说法：我们的大脑是目前人类所知的最为精密的复杂系统。不过，如果真有这么一天，人工智能可以替代我们的大脑写作科研论文，整个人类的认知规律和评价体系恐怕就得重新改写，那该是怎样的一个未知世界呢？对我们今天的人而言，真还难以想象。

陆铭

这是个蛮有挑战性的问题。我比较能够确定的回答是它改变了人的行为模式，比如说消费者，它包括了企业、包括了政府，我觉得都改变了。但是你要说它有没有改变经济的规律本身，我不敢说。

比如说我们举一个非常具体的例子，互联网的诞生有没有消解城市？大家很关心，这也是我的研究领域。有些人就认为我现在互联网线上交流越来越频繁，以后就可以不用线下交流了。但你看其实线下交流还是不能被线上交流取代，对吧？疫情稍微控制住以后，我又变得很忙了，又到处出差了。如果都是被线上取代了，我出差干吗呢？在这个意义上来讲，我觉得它不至于到改变经济学理论的这个程度。

但是你说现在的科技互联网再往下发展会怎么样，我不知道。你比如说未来人怎么定义？未来人都已经走向人机一体化了，我怎么界定人？我怎么界定劳动的收入占比和资本的收入占比？比如说机器人，机器人你还可以把它算成是资本，那人带了个机器呢，它是劳动占比还是叫资本占比？再比如说什么叫GDP？什么叫就业？我不知道。所以我觉得这个问题本身的意义，倒不在于从我这里找到一个答案。但是我恰恰觉得这个问题，是对今天的读者的一个提醒，那就是应该展望未来，而在展望未来的时候——科技的变化是一个非常重要的变化。在这一点上，我觉得我们经济学应该向管理学学习。管理学对新的技术、新的管理方式所带来的人类社会的变化，要比我们经济学来得更加敏感。在这一点上，这个问题的意义不在于找到答案，而在于启发大家展望未来，特别是科技方面的。

主题十七 | 互联网、人工智能对经济学规律的影响

刘元春

从一些基础理论来讲，没有多少变化。但是我们一定要看到传统的经济学很多是建立在规模收益递减、边际成本递增的假设上来构建一些基本规律和基本命题。在数字经济时代，新技术、新产业、新组织和新模式、新规律使我们原来的传统经济学里面所假设的规模收益、范围收益、边际收益，这些发生了一些根本性的变化，从而导致我们的很多分析框架和经济运行规律产生了一些革命性的变化。这些变化实际上是我们目前看到的后危机时代，经济学重构的很重要的理论。

实际上我们有几个需要注意的地方：

第一，在宏观方面，通货膨胀对于经济稳定的敏感性和对于就业的敏感性大幅度降低，导致菲利普斯曲线的水平化，导致我们的一些潜在速度发生很多变异，从而导致新古典的宏观框架、建立在自然率的基础上的宏观框架出现了崩溃。

第二，我们的利率水平持续下降，特别是出现了零利率和负利率，从而导致我们原来以自然利率为基准的货币政策框架和相应的政策理论发生了一些颠覆。

第三，是互联网经济、AI技术、3D打印等新技术的出现产生了零边际成本现象、边际收益递增现象，还有平台经济现象和赢家通吃的现象使我们原来的微观理论的基础也发生了巨大的变化。包括我们的微观监管政策、市场运行理论都发生了很大的变化。因此这些方面都要求我们要重新理解在新技术冲击下的新世界，在大格局革新的变局中间来理解世界经济和分工体系的变化。要在高债务、低利率、低增长，这样的新模式上面来重构我们的一些宏观理论和宏观政策。因此就是说我们很可能处于一个经济学革命的时代，那么我们人民大学相应的团队也在全力以赴研究这些经验，提出能够解释这些经验的新的理论体系和框架。

2020年8月习近平总书记主持召开的经济社会领域专家座谈会，专门谈到了经济学、社会学，他认为中国实践创造的一些新规律、新现象，对于丰富我们经济学和开创政治经济学新境界提供了丰富的养分。目前在整个世界，特别是西方经济运行的微观基础和宏观规律以及政策模式都发生了重大变化、重大调整，导致传统理论全面失灵的状况下，我们推出中国特色宏观经济学、中国特色的政治经济学理论框架体系，我觉得是一个恰当的时候。我们有了这么多产生理论的实践"富矿"，而世界也恰恰处于一个实践与思想双变革的分水岭，这决定了目前是一个很重要的大时代。

17 | 主题十七 | 互联网、人工智能对经济学规律的影响

田轩

互联网和人工智能改变了传统的信息交互方式，它可以帮助人们精准找到需求，将买产品、买服务的交易从线下转变到线上，改变人与商品、人与服务的交互方式，可以减少交易成本、搜寻成本，从而提高效率，它是一种新工具、新业态。例如BAT（百度、阿里巴巴、腾讯）等大型互联网企业的出现、不断精进的AI算法，都让我们体会到了科技创新让生活更美好、更高效。但是，经济学规律本质上没有改变，例如供需规律、价格规律、企业投融资规律，这些在互联网条件下仍然成立，因此互联网和人工智能是可以纳入经济学基本逻辑的，而不会根本改变经济学的框架和规律。

姚洋

互联网和人工智能对经济学规律没有改变。经济学的模型和工具完全可以描述它的。这个没有对基本的经济学的规律有改变。

我们国内前一段时间有一种风气,就是我做互联网企业,互联网本身不赚钱没关系,我用数据在别的地方可以挣到钱,这就是违反了我们的经济学规律。有人说,我就是违反了,我就是和你们不一样了。但是我必须得说,这样会碰得头破血流。摩拜就是一个例子。摩拜是搞共享单车的,共享单车不赚钱,他说我不需要共享单车赚钱,我需要用它收集数据就行了,我可以用数据来赚钱。实际上它最后就是用押金来赚钱,大家都明白它收了一大堆押金在滚,结果押金滚不动了,它破产了。

你做的这个主业如果不赚钱的话,你这个商业模式是注定要失败的。我觉得这条规律没有改变。包括说滴滴,如果它的主业不能赚钱的话,它总有一天会死掉。有人会说,人家 Amazon 这么多年都没赚钱。那是人家在掩盖它的利润,因为它老在扩张。后来那些股东不干了,它开始有盈利了,开始分红了。它有钱,它赚了钱。而我们这些企业是本来就没赚钱,这是两码事。所以有人说互联网冲毁了过去的经济学。如果有人带着这种思维逻辑去搞互联网,他会死得很惨。

人工智能也是,没有改变什么,就是替代人的一种功能,脑力活动嘛。那我们被替代的多了,对不对?只是这次可能会替代得过多,会产生一些失业问题。仅此而已。

张军

关于互联网和人工智能对经济学规律的影响,我直觉上认为是有比较大的影响。因为现在的经济学主要是基于古典的市场来讨论经济的变化,而古典市场上最主要的角色是一个买者和一个卖者,而且彼此还存在信息的不对称。不管再怎么聪明的人,作为需求方从供给方能够得到的信息都是有限的。因为信息不对称,就会创造第三方的机会来获利。也就是说,如果我能够帮助解决这种不对称的障碍,或者让这种障碍变得不是那么的严重,这就是一个可以获得盈利的机会。而只要有这种机会,市场就会朝着这个方向发育,这就形成了持续不断地创造新的经济活动,也就是说市场上发育的方向就是不断地弥补由于信息不对称造成的供需之间的鸿沟。市场也因此变得越来越厚,也就是说供求之间的"中间层"的组织越来越多。我曾经在20年前翻译过一本书,书名就叫《中间层组织》,讨论的问题其实就是这个。市场交易双方为了让交易能够更好地完成,需要彼此收集对方的信息,而搜寻是有代价的,而且还需要第三方来监督,防止欺骗。

就是说,我不仅需要收集更多的信息来了解对方的诚信,那我还要考虑到万一对方欺骗了、违约了,我们怎么样来保护自己的利益,我们怎么样来监督这个事情。这些事情最后都是通过从市场上购买第三方的服务来解决的。所谓的发达市场，相对于初级的市场，发达在什么地方呢？发达在中间层组织发育得比较饱满、比较厚。

所以，经济学家像威廉姆森、科斯他们提出交易成本的概念之后，一下子就让人们明白了市场为什么越来越厚的道理。但交易成本的概念也让人有些困惑，因为越发达的市场经济好像就代表着交易成本的规模越大。听起来是个悖论，当然我们不能反过来说发达市场经济的交易成本更高。

当然，人情社会的情况不太一样。讲究人情的社会，做生意可以不需要合同，但那不是市场经济，另当别论。

但20世纪那些最重要的经济学家万万没有想到，今天的技术可以解决那些古典市场的难题。现在这种大数据、人工智能、云计算、生物技术等技术的发展会解决信息不对称的问题。这种技术的发展在很大程度上颠覆了很多经济学的研究，过去我们经济学中讨论的命题有很多都会不存在。比方说现在有了大量的数字化平台，你都可以变成一个独立的职业者，不再受雇于一个公司或组织。像滴滴的司机，只要你愿意，每个人都可以去开专车，你不需要绑定在一个具体的出租车公司，也不需要签就业合同。这对劳动力市场有一个巨大的颠覆，颠覆劳资关系，甚至影响立法。在发达国家，劳资关系和劳动力市场的结构等都是经济学研究的重要领域。现在我们出现了越来越大的所谓"gig economy"，也就是零工经济的现象。

其实，就业和劳动力市场是宏观经济的基石，一旦就业和劳动力市场发生根本改变，整个宏观经济学都要重写。我们理解的宏观经济平衡、我们制定的宏观政策，都是基于菲利普斯曲线、奥肯定律这些理论的。但现在看来，这些基础并不牢靠，会发生巨大改变。过去我们谈经济发展，理论上都是关于正规部门和正规就业的扩张的，但现在劳动力市场的改变会让正规部门和非正规部门的界限消失。

18
主题十八

对国内经济学研究及青年经济学家的建议

Comments on Economics Research and Advice to
Young Economists in China

管涛

经济学是一门经世济人的社会科学,比较注重实用性。所以,现在不少青年经济学者比较喜欢做政策研究。本人以为,做政策性研究,要强调问题导向,研究中应该注意:一是要聚焦,避免题目过于空泛,动辄"论×××",而要善于小中见大,把小问题做深做透;二是要接地气,重点研究当前政府和社会关心的焦点、难点问题;三是要充分了解相关问题正反两方面的意见,避免先入为主,带着成见甚至偏见去研究;四是要换位思考,任何政策选择都有利有弊,具有可操作性的政策建议应该兼顾所提建议能够解决的问题、可能的风险及风险防范措施。

18 | 主题十八 | 对国内经济学研究及青年经济学家的建议

贺铿

关于国内经济学的研究，目前国内"经济学家"多如牛毛，大都透着"功利主义"。"揣测"多，"把握规律"少。"唯上、唯书"多，"唯实、唯贤"少。说假话、虚话的多，真知灼见少。不改变这样的"经济研究"现象，中国产生不了真正的经济学家。哪有那么多经济学家呢，庸俗化了，这是我的第一个情绪。另外，我们也有不少经济学家确实还是懂一点儿经济的，但我们没有真正结合中国的实际去研究规律性的东西，很少有人深入地调查研究，然后得出规律性的东西来。都是揣摩领导人想做什么，上面在想什么。这样做学问的话，我觉得是没有多少意思的。那你这个究竟是领导的意见呢，还是研究规律性的东西，给领导当参谋呢。当参谋你就得有实实在在的东西。作为一个经济学家，要研究一些实实在在的问题。现在中国是什么样的规律在起作用？那你说说我们现在的宏观政策，有哪些存在问题？比方说我就一直有个观点（不一定我是真的对），我说基本建设规模要控制，不要经济一下行，就把扩大基本建设当成一个法宝。因为我们 GDP 的结构已经问题很大了，还一味去扩大基建，GDP 高了是好，但是这个东西它应该基本与我们经济发展水平相适应，不能脱离我们的经济发展水平。我们的很多高速公路实际上没有太多的车走，不要老是看到这几条主要的高速公路，什么京珠高速公路，一到节假日车子多得不得了。但是许多高速公路利用率并不是很高，而且它还怪我们的高速公路收费高，平均1公里收费0.46元钱，收得比世界上任何国家都高。而我们高速公路每年还要亏两三千个亿，这样怎么行呢？不讲究投资的效益，不讲究投资回收期、回报率是多高，就一味扩大基建，哪有这样管理经济的？对这一类话就没有几个人讲，也没有几个人敢讲。但这些问题要有人说有人研究，要有人提出对策来。

关于培养青年学者，我提两点：一个是要学学马克思，第二是要学学统计学。我们一些经济学家，对西方的东西他们很热衷，我是1981年到美国去学经济计量学的，那是以凯恩斯理论为基础的。凯恩斯的东西，对中国很多东西适应不了，西方国家现在也放弃它了，从里根开始就是供给学为主体了。我们为什么老是抱着这一点呢？就是说明了我们的一些年轻的经济学家，学的东西太片面。实际上马克思有很多东西是很有道理的，比如《资本论》里头关于两大类的相互补偿的关系，很长，论述得非常透彻，我们有几个人把它学通了？如果是扬弃的话，私有制里面的好的东西，就像这个稻子、麦子一样，扬的时候就留在这儿，那个轻飘的糟粕的东西随着风走了，那是要不断地扬弃。但是这许多东西都要研究，学问不研究怎么行。投机是搞不好学问的，不要以为经济学是那么容易学的一门学问，我们有的人把经济学搞得太庸俗了。第二个是学统计学。你连统计指标都搞不清楚，这个数字是个什么意义你都搞不清楚，你怎么研究经济问题，你不是凭口乱说吗？我在美国有一个老师，他讲得非常深刻，他说统计学家不一定是经济学家，因为统计可以用来研究自然现象、研究疾病的问题、药物的问题、工程的问题。但是经济学家一定是统计学家，否则的话你没办法深入地研究经济，所以我建议年轻学者们学点儿马克思和统计学。

李稻葵

关于国内经济学的研究，很简单的一个说法，我觉得我们现在有形，但是无神。

有形无神，如果用戏剧的说法来讲，就是一个戏剧演员，他的形象很漂亮，动作、甚至唱腔都有了，但是他不传神，没走心。说得更严重、更具体一点，就是现在国外的分析工具我们都学会了，国外的一些写文章的形式也有了。比如随机实验、随机一般均衡、动态随机等都学得很快，但是就是没有神。这是什么意思呢？就是我们到底能从中国的这个土地上，创造什么样的经济思想呢？我们有哪些是讲出来西方人一听，觉得这个东西有意思，他们以前没有想过的？让他们觉得中国这 70 年的经济实践，尤其是过去 40 年，提供了一个新的思想，但他们有些方面可能没注意到的。

我们缺少的就是经济学思想，如果光有方法没有思想，那么任何一个国家或者一个民族，它对经济学的贡献都是极其有限的。所以我觉得这个问题，跟上一个主题是紧密相关的。这么多年，中国经济作为一个学生做得是非常出色的——考试成绩一下子从 D 甚至于 F 提到了 A-。但这个学生讲不出来，我为什么能提高，这样别人就老怀疑你抄作业，也怀疑你考试作弊了。我们经济学的研究人员，要做的工作就是要把中国经济这个学生考试成绩从 F 提升变成了 A- 的这个过程讲清楚。要告诉全世界同行，中国经济这位优秀学生，他过去做对了哪几件事情，这几件事情是经济学里以前没有研究过的，或者没有强调过的。那这几件事情，其他学生也可以学。比如非洲，甚至于印度也可以。你如果学会了，你成绩也能从 F 变成 A-。你把这个事情讲清楚之后，别人自然就不会指责你在作弊了。

所以我觉得经济学的研究需要形跟神真正地结合。我自己过去两年一直在跟同事们一起努力，成立了清华大学中国经济思想与实践研究院（ACCEPT），我们要干的事就是这件事。我们在国际上搞了一个政府与市场经济学国际学会（SAGE）。我们在经济学里面提出应该有个分支，就是研究政府在市场中的作用和它的行为。不是说把政府从市场中拎出来，去想政府在干坏事或者是干好事。而是我们把政府作为市场中的一个重要的参与者，我们来研究它的行为是怎样的，什么时候它可以干好事，什么时候它干得不对，干坏事的话怎么能够把它的激励搞对。

我认为这个事情是一个普遍的问题，不光是中国，美国也有这个问题。中国是有心得的，从中国的实践出发，我们研究一些具有普遍意义的经济学的道理，而且我们这个经验也能够为人类的其他社会和国家的发展做贡献。在这个过程中，我们中国的学者也为经济学做出了自己应有的贡献。

刘国恩

国内的经济研究可能要从两个方面来看：一个方面是关于中国本土经济问题的相关研究，基于对中国经济问题的认识和对本国经济实践的影响程度，我觉得国内经济研究所发挥的作用客观上讲还是占主导地位。因为其大多研究人员身处中国，对中国问题的深度观察和数据获取都是近水楼台。更重要的是，国内经济研究的行文方式、思想内涵、逻辑关系也都更能契合本国公众和决策部门的认知背景和文化特色。另一方面，国内的经济研究也有尚需大幅进步的地方，这主要表现在相对缺乏对国际现代经济理论或应用研究的影响与贡献方面。当然，这个问题可能需要从两个不同视角进行讨论更有意义。从纵向的历史进程来看，改革开放以来，国内的经济研究被世界经济研究关注的程度随时间的推移一直在不断提高。如果检索国内经济研究发表在国际经济学主流期刊上的学术论文，逐年快速增长是不争的事实。究其原因，其一是中国经济问题本身变大了，使得成为研究的对象变得越发重要，学术平台和经济读者的关注兴趣自然增加不少。其二是研究的方法学本身也越来越与现代经济学接轨，这主要得益于全球化下的改革开放促进的学术交流，以及几十年来培养造就的大批具备现代经济学训练基础的高端人才。

然而，如果切换到横向角度来看，国内研究需要提升的空间或追赶先进的距离其实还相当大。不可否认，今天国内的经济学家在国际舞台上崭露头角的人越来越多，有些在计量经济等个别技术性强的领域甚至也称得上领军角色，备受尊敬。

不过，相对于世界第二大经济体，或者说基于世界人口近 1/5 的 14 亿个脑袋而言，我们对现代经济学的贡献和影响还远谈不上与我们的大国身份相称。就拿发表在代表现代经济学的五大顶刊（顶级期刊）的论文来看，如果只看目前在国内全职工作的学者成果，每年的相关发表还是屈指可数。如果以诺贝尔奖获得者来看，差距更大，即使算上国内外的全部学者，华裔经济学家至今还没能实现"零"的突破，我甚至怀疑在我们有生之年能够有幸见证这份殊荣。当然，单看学术发表或诺贝尔奖也许对国人有失公允。无论如何，西方学者走在咱们前面，理论体系源于别人，方法规则也是他人先定，外加语言的天然障碍，我们的起跑线客观上的确处于劣势。对此，有国内学者提出，我们不一定非要学习西方主导的学术理论和规范方法，为什么不可以自己搞一套出来呢？

当然可以，如果能够真正创新的话！但不要忘了，人类已经演进到全球化时代，地球越来越平，资源配置和市场选择越来越不受国界线的约束。自搞一套理论体系出来，犹如研发一款产品投入市场经济，是否成功并非自己说了算，而是他人说了算。用已故经济学大师熊彼特的话说，创新的本质是对现行产品的"创造性破坏"。

因此，除非你另搞的一套体系能够让开放世界的大多数人接受应用，从而取代现行理论，否则就是无用的浪费，最多只是"自娱自乐"而已。话说回来，我们作为后来者也有所谓的"后发优势"所在。尤其重要的是，我们用不着重复开拓者披荆斩棘所需付出的巨大精力和长时间投入，可以少走很多弯路。别人可能用了数十年甚至数世纪所发现的关于自然界的认知，我们通过读书学习即可，大幅缩短了我们快速发展和追赶的时长。从这个意义上讲，正视今天的现实，我们如果还能学习20世纪80年代的国人作风，抱着"学生"的低调姿态，潜心、虚心向先进发达的文化学习，戒骄戒躁，可能不失为后起之秀的明智长策。

陆铭

我讲几句话。第一,进步非常快,不管在国内杂志,还是在国际杂志上面的发表,进步非常快。第二,差距非常大,在理论的建构、数据的积累、方法的科学性、问题意识的创新性、全球性、普遍性上差距还非常大。第三,跟随有余,创新不足;学术有余,实践不足。因为经济学是一个社会科学,从原理上来讲可能有确定的方面,比如说供求决定价格的数值。但是每一个经济现象背后的原因,是不一样的。这个不一样的东西是有时空条件的。比如说房价,当你看到美国的房价高的时候,可能是因为泡沫,是因为炒作,但中国的房价,则可能是供给受到了管制。那么到中国来研究房价的时候,如果你不了解中国的国情,也没有了解国情的意识,你就以为你自己学的理论是放之四海而皆准的。当教科书告诉你,房价收入比上升就是泡沫,那么你就去从泡沫的角度去讨论中国的房地产市场。这就是我讲的跟随有余,但是创新不足。学术有,但是对中国解决房地产市场的问题,实践的意义在哪里?

更加重要的问题是什么呢?在有一些比较软的科学问题或者学术研究的问题上,我觉得大家可能在做研究的时候,有两个倾向:第一个倾向,国外对我这个文章会不会感兴趣。但请注意,英文的读者感兴趣的或者英文的编辑感兴趣的,未见得对于中国经济研究是重要的。甚至同样一个研究里有三四个点,国外感兴趣的点和国内感兴趣的点是不一样的。为了发表在英文杂志上，特别是在所谓的顶尖杂志上的文章怎么写，强调哪一个发现？是强调对中国经济重要的发现，还是强调国外编辑和读者感兴趣的贡献？这里面涉及如何把论文写在祖国大地上的问题。那么第二个倾向就是方法，比如说我们现在做经验研究的，都知道经验研究里面因果关系非常重要。那么因果关系的识别，随着这些年的教学的改进大家也都知道了，比如说供需变量法、断点估计方法等。但是我一直在问一个问题，是不是重要的问题能用到这些方法？比如说这次疫情暴发后，就学着去研究疫情里面的 lock down（封城）对空气质量的改善，这件事情我觉得我不能说它不重要，但是我真的不知道这个东西有多重要。比如说对中国环境的改善和治理，我真的不太清楚。但是这样的研究很可能找到一个干净的识别，那么我们到底是为了干净的识别，还是为了真正重要的问题去做研究呢？

经济学是一个应用性特别强的学科，经济学发展到今天，已经很少有所谓的纯理论问题了，大家研究 99.999% 的问题都是应用性的问题。那么应用性的问题是不是应该强调应用的价值，而这个和自然科学的应用价值最大的差别在哪里？它是有时空条件的。我经常举的另外一个例子，关于教育的研究，如果让我来说，在中国的头号重要教育问题是留守儿童和流动儿童的教育问题，但这个问题美国是没有的。那我就问一个很简单的问题，我这个问题问过很多人，按照我们现在研究的导向和对学者的考评的体系，假设我现在在理论、数据、文献这三个维度上条件一样，一个选题是研究美国黑人教育，一个是研究中国留守儿童教育，我们学者研究什么？且不说我刚刚讲的这个条件是不成立的，研究美国黑人教育的理论文献数据，都比研究中国的留守儿童的理论文献数据要完善得多。这就导致我们很多人做这个研究，没有把研究写在祖国的大地上。表面上看起来我们就是发了一堆文章，也发得不错，但是解决了中国什么问题，我不知道。可能有的人会问我，学术研究那么强调应用干吗？这个问题我是这样看的，对个体来讲，这句话我觉得是对的，因为学术是讲究自由的，我对应用问题不感兴趣，甚至我觉得个人有权利说我只关心美国黑人教育问题，我就不关心中国留守儿童问题。我觉得对个人也不要太指责。但是如果整个中国经济学界做的研究，都大量地类似于我前面讲到的是国外学术界和读者感兴趣的问题，而对中国的实践是缺乏指导意义的，那么作为一个学者的群体是要反思的。

大概两三年前，我给《经济研究》写过一篇文章纪念它创刊40周年。当时在写那篇文章的时候，我就讲了一句话，叫作"脚踏实地、仰望星空。"如果你要说送给青年学者一些话，我就送这8个字。仰望星空，我认为有这么几层意思：第一，我们作为科学家，虽然我很强调应用价值，但是我认为追求科学性、追求普遍性，还是科学研究的最高目标之一，所以它不是唯一目标。第二，在实践层面，虽然我强调每一个国家都有自己的历史、文化、制度和传统，但是作为一个社会科学家，特别是当代的社会科学家，特别是展望未来人类发展的一个社会科学家，要去研究全世界市场经济普遍性的东西。我们研究中国特色的东西，并不是说中国当下的特色是永恒不变的，而是说要区分哪一些是可变的，哪一些是真正的、长期稳定的传统。这里面既不要以纯粹的一般性来抹杀特殊性，也不要以中国在转型时期的特殊性来掩盖一般性的需求，应该说这是我讲的第二个含义。第三，是要坚持自己的科学态度。我自己在过去10多年里的研究，得到的一些政策结论，其实跟特定历史阶段中国在实行的一些政策是不太一样的。我是更加具有批评性的,也有很多人曾经劝我说你不要讲了,也有些人嘲讽我,说我就是个做学问的人,不懂实际。但是10多年下来,随着我提的东西慢慢被大家认识到,一些传统的做法暴露出来的问题越来越大,具有科学性的东西,最终会慢慢地显示出它的价值的。所以我要建议今天的青年人,如果在你们的研究当中也发现自己研究的东西是正确的,就要坚持,要相信社会科学是有科学性的,要相信经济社会发展是有普遍规律的。第四,是眼睛要向外。我们要看到中国接下来因为经济体量会越来越大,国际地位越来越高,中国学术跟国际的差距也会越来越小。那么中国国内研究一定是逐渐跟国际接轨的,有一些今天看起来只对中国重要的问题,会越来越显得对国际也有重要性。那么这时候我们作为学者,要更多地把我们对中国的研究,不管是批评性的、总结性的,还是一般性的,向国际学术界去推广。当然发表是一个非常重要的渠道,不管是在学术杂志上的发表,还是在媒体上的声音,尤其是今天的青年学者,在成长期间接受的训练更加国际化,外语水平也更好,国际交流机会更多,应该比我们这拨人要做得更好一点儿。

接下来讲"脚踏实地"。第一点,千万不要以为现在我们所学的一些理论,就能够直接用来研究中国经济,不是这样子的。因为我们现在学的比较成熟的,现代西方经济学引进的那些东西,主要都是用来刻画一个完善市场经济体制的。它可以作为一个基准,但它不可以直接应用,因为中国的体制和政策背景完全不一样。中国的转型特征、发展特征还是非常强的,中国的体制政策跟标准的理论也都不太一样。如果不把中国的特殊性搞清楚,我们有时候得到的一些所谓科学的结论,很有可能披上了数学的外衣、披上了回归的外衣,化装得好像特别科学、特别"高大上",但可能得到的结论却是错的。甚至有可能同样的解释、同样的现象，在中国背景下得到的解释完全是不一样的。第二点，要多调研。我原来有个说法叫要多走走多看看，叫用脚做学问。但是我最近又在提新的提法，要用脚和用脑结合在一起。用脚好理解，就是说我去做调研，但是我现在发现另外有一种新的倾向是以为自己多调研了，就是懂中国了。这不见得的。如果多调研了，掌握了实际情况，却没有正确的理论的引导，没有我前面讲到的向着普遍性、一般性，向着全球的这个范围去看中国问题的话，很有可能就在了解了中国特殊性的时候，默默地变成强调中国的特殊性了，甚至有可能以为中国的特殊性就是一般性了。第三点建议，是要研究对中国重要的问题。因为我前面讲到，虽然每一个人有自己的兴趣和偏好，有的人喜欢纯理论，比如我喜欢纯理论，但是我想从一个学界角度来讲，99%的学者可能都不是这种类型，可能要做很多应用性的问题。那么做应用性的问题就涉及价值观，我前面已经讲到，是研究美国黑人问题，还是研究中国的留守儿童问题？这里可能只是一个倡议，我希望一代又一代的青年学者，能够更多地关注对中国发展具有重大意义的那些实践性的问题，为祖国的繁荣昌盛，为中华民族的复兴和中国经济的崛起，为一个未来的全球的全球化，和谐合作的全球经济政治秩序做贡献。这里面很多问题，有理论的意义，但是很多问题其实就是操作层面的问题，我就要加强研究。不要变成一种很遗憾的局面，就是我们发了一堆文章，但是在面临着比如说中国国内该怎么化解我们的那些矛盾、我们应该怎么去参与中美贸易谈判这些问题的时候，经济学界几乎没有声音。我们发了很多文章，但是我们这些文章在多大程度上能够帮我们去回答这样的问题，我们整个经济学界应该一方面去反思，一方面去努力改进。

刘守英

我是2016年到中国人民大学经济学院的，我当时为什么要到大学来，我肯定是期待，在大学里面能够做更好的研究，对整个中国经济学的状况也不要太悲观，我们整个经济学教育和经济学的训练还是有很大提升的。当然我们是期待整个中国经济学的教育要更好。怎么去看呢？比如说我是80年代在上海复旦读书，但我们那个时候的训练就是政治经济学教育。到了90年代末以后，基本上整个中国经济学的教育就变成以现代经济学为主，国内官方叫法是西方经济学。

我认为西方经济学和政治经济学这两套体系，每一个体系都有它自身的优势，我最近一直在思考，就是经济学的分析，一定要以问题为导向，如果不是以问题为导向，那现代经济学也出了问题，因为不是真正地用真问题来引导，不是根据真问题来往下走的，你就是根据你的文献在往下走。那如果你前面的头错了呢，那你往下走你不是越走越错吗？所以就是你的现代经济学也一定是以问题为导向的，然后政治经济学也一定要回到以问题为导向。

马克思的整个分析的方法是以问题为导向的，马克思不是在辩护那个资本主义的好，他是在分析资本主义的问题，然后提出一个解决办法，找到更好的制度，来推动社会的进步，它是人类的进步，一定是以问题为导向的。他是有历史感的，历史感就是他的整个政治经济学不是苍白的。他的分析，他对弱者是高度关注的，所以如果整个经济学的分析你不关心弱者，不关心贫者，不关心在整个现代增长里面失去机会的人的话，那你可不就变成少数人的一个工具吗？

所以我讲就是政治经济学它一定要回到以问题为导向，习近平总书记强调开拓马克思主义政治经济学的新境界，新境界是什么？就是你一定是要坚持马克思主义，马克思的那一套方法，不是教条的。

如果政治经济学以问题为导向，现代经济学也是以问题为分析的起点，那我们整个经济学分析基本都回到以问题为导向，分析真问题，然后解决问题，这个是经济学的正途。还有一个不要小格局，不要非此即彼，我是觉得，实际上我们中国从目前阶段来讲，政治经济学是非常重要的。

另外，社会上的现代经济学没法去分析的这些问题，都是需要政治经济学发挥作用的，中国整个经济学还没有奢侈到纯玩技术的阶段，所以政治经济学现在非常重要。然后提出这些重大问题以后，你一定要进入科学的分析，你不能说这个问题很重要，很重要你得分析，你要实证，你不能只回答为什么，你要回答是什么，那这个时候就需要科学的论证，需要有调查，需要有案例，需要有数据，需要有实验，需要有对行为的分析，这些东西都是现代经济学的范畴。这两个不就结合起来了吗？所以为什么需要现代经济学，因为整个经济学是更接近科学的一门学问。

第二个就是说我们的整个经济学的教育一定是要在"十四五"期间,一定是要启动我们经济学教育的改革。根据我这一年的观察,政治经济学的教育如果不能带有问题意识的话,学生的学习是要打折扣的。

要教他怎么去看趋势,教他怎么去认识发生了这些适合政策决策的这些过程,这个时候,学生就有积极性了。然后就是政治经济学的中国化,要加上经济学的国情教育。

还有就是我们现在做的这个经济史学,学生如果不懂经济学的历史的话,那他们的整个经济学教育就会很单一,他没有历史感。

另外,就是学生一定是要对中国和世界的两个体系都有所了解,从现在中美问题也可以看出来我们对美国是什么样了解得还不够,我们对整个全球体系了解也是不够的,我们现在处于整个国际循环里,你不能变成只是做一个贸易的分析,卖了多少,买了多少,有多少投资,不能这样的。所以接下来你一定是要做世界体系的分析,就是把整个中国放到一个世界体系里,要中国看世界,世界看中国,那学生们的眼界就不一样了。

所以我觉得我们一定要回到问题,回到中国的真实世界,然后让学生以这个为本,以经济学作为分析方法,来推动整个中国经济学教育的进步,中国经济学的研究的进步和它理论的进步,这是正道。反正在中国人民大学至少我现在是带着这种理想,我们在不断地推动这些事。

刘元春

中国过去 40 年,是学习现代经济学先进理念的 40 年,也是中国积累理论创新"富矿"的 40 年,更是中国特色社会主义哲学社会科学体系逐步萌芽和发展的 40 年。通过双轨制等一系列的改革开放举措,创造了中国的双奇迹的发展,第一个是中国智慧本身在这上面得到了很好的展现,这为我们在理论上的创新提供了最为充分的养分,但是我们目前理论本身的积累,从初期以西方经济学的宏观、微观教材为基础的普及阶段,进入要把中国实践纳入西方体系的中国化阶段,再到真正地创造中国经济学的新阶段。过去这些阶段我们从改革开放的思想解放过程中学习了现代经济学的一些理论,对我们传统的政治经济学进行了很好的中国化和时代化变革,为我们下一步真正的创新和构建中国特色的中国经济学打下了良好的基础。下一步,我们的学者要有把论文写在中国大地上的学术敏锐力和学术责任心。还有,就是要有平台为我们的学者构建中国经济学来创造一定的环境。

目前来讲,第一个是我们大量的学者具有现代经济学的基本训练,具有理论的创新能力和条件。第二个很重要的是我们党和国家特别是习近平总书记在中国实践的基础上,已经提供了一整套系统的政治经济学和现代经济学的战略思想和理论体系,这些思想和理论已经成为我们构建新理论体系的基础和指引。

第三个是我们目前很多的学者已经深入到中国实践，很好地对接中国的战略任务，通过吸收现代经济学的养分、传承传统经济思想的养分，开始形成集成的效益。下一步应该期待我们在这上面有新的突破。

对青年学者我建议：第一，在这种大变革的时代不能够简单地按照过去的模式做。经济学是一个经世济民的学科，必须要把握住时代前进的脚步，必须要明确整个事件发展的方向，明确整个民族前进的路径，要认清楚我们目前的历史节点。这个就要求我们目前的青年学者，从学术情结上要有一个提升。第二，是要在治学方法上，真正地通过行万里路，通过把论文写到祖国大地上，来提升我们的思想境界。第三，就是我们必须要在内容和形式上有高度的统一，切忌出现假问题、假对策，自说自话的情况，同时也切忌没有严密的逻辑、实证的方法和学术的规范，来进行空乏建议。在这样的基础上形成中国的话语体系、理论体系，把中国的故事、中国的理论讲好。

田轩

我建议青年的经济学者,要扎根中国、研究中国问题。

首先,因为中国国情比较特殊,具有独特的社会制度、文化基础,因此很多实际情况与国外经典的经济学理论不完全一致,不能直接将西方经济学理论生搬硬套过来。例如,上市公司再融资理论说会出现股价下跌的情况,但是在中国却出现了股价上升的情况,诸如此类的例子还有很多。因此,青年经济学者不能只沉浸在传统的文献中,要通过调研去下沉、去深入到企业、机构、城镇、农村,只有这样才能真正了解中国的经济发展。

其次,以美国为代表的西方国家的经济学学术体系比较庞大、精密,进行学术研究的时候只能在细分的小领域去钻研,而中国的经济学从顶层设计到底层运营,仍然有很多研究领域存在空白,因此青年经济学者把功夫用在研究中国问题上是大有可为、前途广阔的。建议中国的青年经济学者,都能将自己的学术研究与中国实际结合,让自己的所学能够服务于中国实践。

夏斌

我一辈子搞的是政策经济学，是研究经济政策的，不是搞学术理论的。今天让我来对国内的理论经济学研究做评价，有点儿诚惶诚恐。年龄大了，我想把最后的余生，奉献给推动中国理论经济学的发展，慢慢想从政策经济学研究中淡出。想静下心来，一边学习一些经济学术和学术史，一边为推动理论经济学事业的发展做点儿"嫁衣裳"。

2014年，我和一些有识之士一道发起组织了"当代经济学基金会"。它的宗旨简单讲就是"鼓励理论创新，繁荣经济科学"。这是一个公益组织，主要做公益事业，包括每年召开"思想中国论坛"、出版获奖者书籍等。最主要的公益活动是评选"当代经济学奖"。为了做好评选活动，我还专门到瑞典诺贝尔经济学奖委员会考察了一下，很有收获，想做事就要把它做好。这项中国经济学奖已经评了四届了，是每年评一次，奖金额是200万元人民币。第一届获奖者是钱颖一、许成钢；第二届是邹至庄、陈晓红；第三届是王江、熊伟；第四届是林毅夫和魏尚进。这个奖项在海内外华人经济学家圈已很有影响力，而且影响越来越大。除上述大奖外，好多人还不知道，我们还在台湾与香港、澳门的博士生中间，每年评选10篇优秀的经济学博士论文，每人奖励10万元人民币，并资助其博士论文出版。

我们希望通过评奖活动，从纯理论创新方面推动中国经济科学的发展。学习亚当·斯密、维克赛尔、马歇尔、马克思、凯恩斯、熊彼特等理论学术巨匠，推动繁荣中国的经济学术创新，想在人类经济思想史上多留下点儿中国人的声音。

至于评价我国的经济研究，首先声明，我是长期搞政策研究，不是搞理论研究的，可能容易说错，请大家指正。我的总体评价有三点：

第一，研究经济政策的多，研究经济理论的少。我感觉现在大多数经济学家，包括海外回来的和本土培养的博士、教授，大多数都愿意搞政策研究。固然政策研究很重要，某种意义上说是更重要，因为它是解决中国经济重大现实问题的需要。但是，要推动中国经济的转轨与长期可持续发展，没有一定的理论指导，同样是困难的。现在从现象上看，不是说政策研究不重要，而是搞理论研究的人少了点儿。华为培养了一批数学家，可能与它今天的手机、通信设备等生产没关系，但是华为为了明天的竞争力，对基础理论研究是非常看重的。今天，我们国内有些经济学家有时为中国当下热门的政策话题，争得脸红脖子粗，其实背后每人都受到前人理论的影响，各自所依据的前人理论是否正确，恰恰未就理论展开争论。往往就事论事，分别持受影响的不成熟理论展开激烈争论，反而影响了改革大业。有时出现鸡同鸭讲的现象，展开无意义的争论。

特别是经济学博士毕业后选择做纯理论的年轻人在减少。有些经济学功底很好的人，耐不住寂寞，因为搞现实政策研究名利来得快，做理论研究的很清苦，常年坐冷板凳，思考多年，不出成绩。

第二，搞实证解释的多，创新理论的少。现在学者中大量的文章常常是在用中国的数据、中国的事实，解释西方经济学的某个观点、某个思想。这不能一概予以否定，但毕竟还是基于人家的思想体系框架。当前世界与中国经济格局大变化、发展中国家的崛起，全球近50年到100年经济发展史中有不少丰富的事实、重大的主题和问题，都需要理论去创新、去解释。

第三，自我封闭交流的多，跨学派争论的少。特别是新古典主流派，对马克思经济学、新制度经济学、奥地利学派、演化经济学，甚至于历史学派，等等，往往不屑一顾，不愿意参与辩论。针对其他几个非主流的批评，充耳不闻。整个经济学界正常的学术流派交流、争论开展不起来。往往各个学派各自关在自己小圈子内，孤芳自赏式的、封闭的讨论很多。跨学派、不同学派，为了同一主题或题目坐下来讨论的场景、学术生态，太少了。

我始终认为，现在这个时代正是经济科学理论创新的大好时代。从2000年法国高校发出"经济学要革命"的号召，到2008年金融危机时英国女王对经济学是否科学的讽刺发问，到"占领华尔街"运动，到今天美国霸权不断"退群"，中国40多年的惊人发展奇迹，等等，这一系列历史性事件的出现，如何进行经济学理论解释？主流的经济理论显得太苍白无力了。特别是不管从马克思经济学角度，还是从西方古典、新古典角度，如何深刻解释社会主义市场经济这样一种形态在短短40多年内，不仅取得了惊人成绩，同时又改变了世界经济格局与发展趋势？是沿袭某一思想体系去创新、去发展？是简单集合堆砌内在无逻辑的观点、经验，貌似创新理论大厦？还是另起炉灶，创新逻辑自洽的新的概念体系？我认为，21世纪的前50年乃至100年，是时势造英雄的时代，是出经济学"大家"的时候。这代不行，下一代肯定会出现。因为他们的学术功底好，眼界宽，亲历中国和世界经济实践，加上勤奋思考，比较借鉴各大思想流派，博采众长。我们的基金会只是为鼓励理论经济学的创新，造就经济学"大家"，做点儿推动工作。

给青年学者的建议：首先，青年学者要想明白，我是谁？我想干什么？如果是真正想在经济学上做点儿努力，做点儿事的话，除立志外，还要区分是准备从事经济理论研究还是经济政策研究？这两个不是一回事。要看清楚，现在媒体网络上活跃的各种各样的文章材料，哪个是在搞经济学研究，哪个是在进行经济政策讨论；哪个是在写时政评论，哪个又是在侧重于宣传。

当然，你可以理论与政策两方面都搞，但是我劝年轻人，一开始还是要静下心来，两边都搞毕竟精力有限。年轻人刚开始经验也不足。可以先搞几年政策研究后，再去搞理论。历史上著名的经济学家熊彼特，也当过银行行长，后来那个银行破产了。庞巴维克还当过奥地利财政部长。当然做理论与做政策不矛盾。我看很多诺贝尔奖获得者现在在媒体上常发的议论，大多是当下的政策热点，并不是在继续获奖时的经济学术研究。

实事求是说，做政策研究名利来得快，做理论的人往往一坐，好几年难出成绩。坐冷板凳很清苦。年轻人开始为了生活，没钱咋养家糊口做理论？此种心情我能理解。但不管怎么说，如果既然想开创一番事业，自己心里就要有准备，要暗下决心，克服各种困难，有定力。

特别是对经济学功底比较好的年轻人来说，应该有耐心把自己的特长更长久地发挥出来。可以先去接触一些市场实践，了解实际。有些是从海外学成回来的，一到国内碰到好多经济现象，就说这个跟美国不一样，那个跟国际惯例不一样，这样的议论太浮于表面，太皮毛了。你要会去分析，为什么不一样？大前提是这些现象为什么都附着于14亿人口大国连续40多年快速增长上，为什么？背后肯定有因果，有逻辑。中国奇迹哪怕是模仿也好，或者是现有经济理论本身说不清也好，不管怎么样，它总有一个道理。先不要从现象出发下简单结论，要多问几个为什么，为什么它跟人家不一样？多问几个为什么之后也许就能明白，原来是自己不了解中国国情，不了解具体情况。例如，对我国的金融市场，老外常常看不懂为什么会是这样而不是那样，也可能我们在发展中间，枝枝权权走歪了，但有的也是走对了，或者走歪的地方又回来了，等等。总之，你要了解它的过程，了解它的政策演化，才有可能抽象出一点儿东西，在理论上升华。

其次，做理论的要淡泊名利，静下心来，多读经典，多读学术史。从亚当·斯密开始，不管是马克思、门格尔、维克赛尔、马歇尔还是凯恩斯、熊彼特等经济学"大家"，都在学术上建立了里程碑式的体系性东西，你再看看他们的著作，哪一个不是读了前人大量经典的书？

当然，我前几年看过一本中国翻译的对国外经济学家的采访书，我没有记错的话，其中讲到前两年获诺贝尔奖的罗默，他在答记者问时说，他没有看过凯恩斯的书，他们做计量模型的不知道啥原因没看，咱不去议论。但是我始终认为，真正要创新思想体系、创新理论的人，还是应该老老实实多看点儿经典著作。经济学各学派的经典书，能流传到今天都是有道理的。历史学派李斯特思想在德国能盛行,和德国的崛起没关系吗?前几年我曾跟一些记者开玩笑,我说针对社会上一些"食洋不化"的思想,你们悄悄找来李斯特的书,把李斯特有关国民经济学或者国家经济学的一些观点,还有我们小平同志的有些语录,以及我们现行社会中一些主流权威提法,摘出来、混在一块儿"打包",让大家在网上猜,这是谁讲的。肯定大家分不清是谁讲的,会发生非常有趣的现象。一个国家崛起的初期阶段,在经济学理论上的一些诉求,与成熟发达国家的理论诉求相比,肯定是不一样的。搞理论创新的,不多读点儿学术史,不知道学术思想的演化,是很难有大成就的。

总之,时下这么多学经济学的人,如果都一门心思在短期政策上做研究,作为一个14亿人口大国中成千上万个学经济学的,似乎我们也缺了点什么。当然,现在条件好了,好多"富二代"游学功底很好、家境很好,有的又不愿意继承他父母的房地产业、制造业,父母也很支持孩子走纯学术道路,我们的社会应给予好的引导、好的氛围,让他们在经济学术道路上慢慢地出类拔萃。

18 | 主题十八 | 对国内经济学研究及青年经济学家的建议

姚洋

对青年学者，我第一个忠告就是，我们的青年经济学家要做有用的研究，不要只做那些能够发表的研究，这是浪费生命。我们很多的年轻老师就是纯粹地为了发表而发表，最后都不知道自己做的啥研究。我就不说这个研究对社会的贡献了，这个对他自己积累知识都毫无意义。我觉得我们对年轻老师的要求就是做有用的研究，起码对你自己有用，对中国更加了解了，你问心无愧说你对中国更加了解，你对经济学有一点儿新的哪怕是小小的那么一点儿贡献，这是很基本的要求了。如果说大一点的要求就是你对中国的历史进程有没有影响。一个学者，就不说回到北宋的"先天下之忧而忧，后天下之乐而乐"，你生活在中国这么一个伟大的时代，这么一个剧烈变化的时代，而你做的那些研究跟中国毫无关系，这不是浪费了你的生命吗？

第二个忠告，是年轻人要集中在一个领域有所突破。就算领域比较小，你集中精力做下去，写个三五篇文章，你在那个领域就立足了。国外好多年轻人，特别是做应用研究的，哪里有数据到哪去做。那你的领域是什么？回答说我是应用经济学，完了。应用经济学哪能成为一个领域啊。比方说国际金融是个领域，劳动经济学是个领域，当然其中还有很多小领域，哪怕是说妇女研究，一个小分支你能做出很好的研究来，你在这个领域很快就会得到别人的认可。

第三个忠告，是国内发表和国外发表要平衡一下。因为现在各种评价体系都是以国外发表为主，所以大家都赶着去国外发表，国内发表就不太重视。但是你生活在中国，你要是想对中国有影响，国内发表是不能丢的。当然了，在国内发上好杂志也不那么容易，也得费劲，但是你一旦发了之后，你的影响恐怕比在国外发表要大一些。所以国内国外的发表要兼顾。就这三点忠告吧。

张军

形势比人强。我觉得我们没有特别关注技术变化对经济的扰动，甚至颠覆性的影响，也没有去观察和思考这样的变化如何影响经济学。对中国的社会科学家而言，现在和未来遇到的最大的挑战就是我们的技术发展越来越快，难道对我们已有的理论没有影响？过去这几十年我们刚刚经历了把劳动力从第一产业转移出来，但技术的变化很快就让我们不需要他们了，这是一个非常严重的和不能忽略的重要问题，但是我们经济学家的注意力根本不在这上面。

我们现在的青年一代的经济学者，基本素质相当好。但总体上也还没有真正关注中国经济正在发生的最重要的变化，大多数还在跟随主流经济学范畴内的问题，很多是从文献得到的问题。你看现在无论在国内发表的这些期刊论文，还是在国际顶级期刊上中国年轻学者发表的这些论文，总体上我觉得都还是遵循这样一些传统的命题。比如说经济增长、生产率、结构变化、劳动力市场，总的还是这些东西。即便是一些有趣的问题，研究中只不过改用了中国的数据来做验证，有原创思想的东西不多。这当然是可以理解的现象，状况的改变需要时间。不过，我们需要自觉和清醒，中国经济发展得太快了，我们太多的知识分子没有跟上。有时候我到一些著名的科技公司去调研，很有感触，从研究上说，我们的大学在很多方面很落后了，视野和能力还不及那些公司。比如，人家用大数据、AI 和超级计算机来解决很复杂、很基础的问题，找到了解决很多我们经济学涉足的实证经济学问题的办法，我们的研究却做不到。

每次谈到这些地方我就觉得我们的大学真的是非常落后，我们的教科书、课程表，这些东西都还停留在半个世纪前，完全跟不上我们经济的变化，在这种情况下我们还怎么去教学生？所以我有一次讲，我说你看现在课堂上我们还在用曼昆的宏观经济学教科书、萨缪尔森的《经济学》，等等，这些教科书的内容跟我们看到的现实脱节很厉害，里面没有互联网，也没有电子商务、大数据、AI，没有智慧城市、城市大脑，没有金融科技，没有共享经济、没有平台经济、没有零工经济现象。你不觉得脱节得很厉害吗？

我希望我们的年轻经济学人应该跑到前面去，应该多去跟踪我们的技术改变对经济的影响，多去观察这些新的现象。在这个上面能去寻找创新的机会，做好的研究，我不是说主流经济学关心的那些问题不重要，而是说那些问题它的重要性已经大大地下降了，我们有比这更重要的现象和问题，但是现在没有引起我们太多的关注，甚至集体的意识都嫌不足。

19

主题十九

中国经济走势观察

Forecasting Chinese Economy

滕泰

中国"内循环"为主体是有基础的,但是对外开放还是要坚持,坚持国内国际"双循环"。在这种国际大背景下,中国经济虽然处于总量上加快恢复的趋势中,但结构上也有明显的"不平衡"。短期的经济恢复不平衡,首先,新冠疫情受控以来,需求的恢复滞后于供给。中国在全球是率先复产复工的,现在制造业规模以上企业复产复工率超过99%了,但是需求远远没有恢复到疫情之前的增长水平。

其次,供给本身也有不平衡,就是服务业的恢复滞后于制造业,这个是很大的问题。2019年我们制造业的占比是27%,服务业占比是53%,如果服务业的恢复滞后的话,那经济恢复的可持续性还是有问题的。

从需求面来看的话,可能不平衡的情况更加严峻一些,主要是投资的恢复和出口的恢复比较快,而消费的恢复比较慢。

其中投资比较快主要是房地产投资和基建投资拉动。房地产投资8月份跟去年同比有12%左右的增长。1到8月份的累计房地产增速是4.6%。那这个房地产投资,到底还能不能够长期和持续地快速增长呢?从房地产商拿地的速度、融资情况、居民购房热情消耗来看，可能到四季度的时候就会达到一个增速的顶峰。

基建投资可持续性有多强呢？有可能持续到明年上半年。2020年地方专业债3.75万亿元，加上银行配套资金总额可能八九万亿元，可以持续个一年半载了，但是长期来看可持续性依赖于两个方面：一是有没有可投资的项目，二是有没有钱。从项目来看的话肯定是越来越少，经过几十年的投资，东部的"铁公基"（铁路、公路、机场等基础设施建设）都已经饱和了，虽然从理论上城市地下管网建设有很大的空间，从物理空间上西部也有基础设施投资空间，但是作为经济项目来选择，真正能够提供稳定现金流回报的，越来越少了。从财政资金看，新冠疫情期间支出增多，收入减少，也不能长期支撑基建投资的高增长。

2020年除了投资高增长，连出口都超预期高增长，出口从二季度就变为正增长，7、8月份按人民币计价都是10%以上增长。为什么出口会超预期地增长呢？一是我们率先复产复工，填补了国外的供应缺口，二是欧美、日本、澳大利亚等很多发达国家为了稳经济都执行了大量的刺激消费计划，给老百姓发钱刺激消费，因而也刺激了中国的出口。所以就是海外对消费的刺激，加上中国供应链的率先恢复，双方合力，促成了今年中国出口的高增长，这个高增长还可以继续持续，持续到四季度没问题。

总之，靠房地产投资拉动、靠基建投资拉动、靠出口拉动，长期都很难持续，真正的增长应该依靠的主力是消费。而恰恰消费的恢复，最近这几个月都低于预期。6月份的话很多人认为消费有可能变成正增长，结果社会商品零售总额从 5 月份的 –2.8%，只涨到了 6 月份的 –1.8%，还是负增长。7 月份大家以为是正增长，结果 7 月份是 –1.2%，还是同比负增长。8 月份大家认为肯定是正增长了，结果同比只有正 0.5%，剔掉物价的影响以后，实际增长还是 –1.1%。1 到 8 月份，全国社会商品零售总额累计增长 –8.6%，社会商品零售总额只有 23 万亿元，距离 2019 年全年的 41 万亿元人民币还差 18 万亿元——后面 4 个月能够消费 17 万亿吗？那不可能的，真的后 4 个月达到这个水平的话，得跟 2019 年同比增长 16% 才行。也就是说，2020 年消费是负增长可能已成定局。

如果今年消费负增长，那还是改革开放 40 年来的第一次。去年我们的增长结构中，投资占 31%，消费拉动 57%，出口拉动 11%。2020 年这个数还没出来，但投资贡献对经济的拉动肯定在 80% 以上，出口的贡献在百分之二三十，消费是负贡献。如果国内消费恢复力度不够，中国经济这个内循环怎么循环得起来，长期的增长怎么能够可持续呢？这是个大问题。

为什么会形成这种经济恢复不平衡的状况呢？毫无疑问是受了新冠疫情的影响。但是疫情影响下为什么投资可以高增长？因为我们在稳投资方面有独特的体制优势和决策优势。2020 年主要是 3.75 万亿元的地方政府专项债券对基建投资的推动力度比较大。假设换一种思路，比如说不是用 3.75 万亿元的专项债搞投资，而是把 3.75 万亿元给老百姓发钱，给中低收入者，比如给 6 亿多人均月收入只有 1000 块钱的人口发钱，能不能通得过？在中国的当前这个决策体制和决策模式下，恐怕很难通过。

很多学者、决策部门都认为给老百姓发钱是"打水漂"了，修了桥、修了路、修了大楼，才看得见摸得着，既增加供给又增加需求。这种看法对不对呢？大家可以自己去评判，有自己的看法，我只是把这样的事实摆出来。在中国通过一项3.75万亿元的投资很容易，但通过给老百姓发钱刺激消费几乎是不可能的。这是决策观念、决策体制问题。当然，欧洲和美国也有它们的问题，欧洲、美国说决定给老百姓发钱很容易，发个几万亿美元没问题。但特朗普说搞个万亿美元的基本建设投资，提了几次都无疾而终。美国没有那个决策体制，它怎么去搞投资？它也没有一套报项目、选项目、审项目、上马项目的决策机制，尽管欧洲、美国的很多基础设施已经老化了，但是它们的决策体制通不过这样的基建投资提案。

不管什么原因，消费增长的滞后，与我们提出的"内循环"主体的、靠扩大消费拉动内需是不相符的。所以如何改变这种不平衡的经济增长结构，推动经济增长的可持续性？这是我们下一步政策要考虑的一个重点。

当然，除了短期疫情恢复的不平衡，需要重视的是，中国经济也有可能会像过去10年一样出现长期增长的不平衡。从产业上来看的话，未来的经济增长一定是新经济的增长，这个是别无选择的选择。新经济的增长，它跟过去40多年增长的普惠性不一样了，不能期待在西部或者中部某个小城市出现一个阿里巴巴，或者出现一个字节跳动。所以过去十几年，美国的经济增长不平衡体现在少数产业的增长、少数地区的增长、少数人口的增长，如果未来中国的经济增长也别无选择地是这样不平衡的增长，将带来哪些影响呢？

2020年还剩下几个月，我们可以预测到，四季度经济肯定会延续前三个季度平稳恢复的势头。但是也应该清晰地看到，经济恢复到疫情前的水平很难。疫情也改变了人们的生活方式，以及未来经济结构调整的发展的趋势，我们对此要有清晰的认识,因此要调整自身的定位。特别是企业家,要顺势而为。这个顺势而为,是说既要看到市场新的商机,又要深刻地理解政策新的变化,要顺势而为,量力而行,这个至关重要。

"十四五"期间要持续地推动经济的高质量发展,以供给侧结构性改革为主线,另外坚持稳中求进的指导原则,这些都不会改变。但是国际国内的环境会有明显的变化,要顺势而为,因地制宜,实事求是,要进一步解放思想。总之,未来充满希望、充满挑战,但是机遇大于挑战。

魏建国

应该看到2020年不少国际的机构都修改了原定的中国GDP增长数字，我个人认为2020年中国会给全球交出一个非常漂亮的答卷，就是中国疫情之后又提前实现了复工复产，同时加大对经济的发展，使得全球只有中国一家有GDP增长。

第一，现在GDP的增长，出乎所有人的意料。所以我觉得2020年的整个中国，经济它会像我以前所讲一样，就是能够达到这个目标。而且这个目标实现以后，不仅仅是对中国，对全球抗击疫情的信心、对全球经济恢复的信心，都是一个很重要的关键，所以我觉得2020年整体来看，应该说这一方面做得还是不错的。如果从具体数字来看，我认为在出口方面，我们2020年完全可以有所作为，不仅是出口大国也是进口大国，也就是说2020年中国将超过美国，成为全球的进出口货物贸易第一大国。这是第一点。

第二，今年的消费，中国已经明显好于美国。美国今年的消费还是不断下降，中国的消费还在增长，尽管由于疫情稍微迟缓一些，但是我认为今年中国超过美国的消费，成为全球最大的消费大国，这是肯定的，我们一定能够从去年全国社会消费品零售总额，41万亿元人民币达到45万亿元人民币。

第三，我们在吸引外资上面，还可以保持 2019 年的速度，也就是说，今年在整体直接吸引外资方面，全球总量不断减少。从 1.9 万亿美元降到 1.6 万亿美元，从 1.6 万亿美元又降到 9000 亿美元，在这种情况下，中国吸引外资的水平仍然会超过美国，成为全球第一大吸引外资国，达到去年的水平，1300 亿—1400 亿美元。

我们对外投资，可以说 2020 年，特别是在"一带一路"上面，特别是对发展中国家的基础建设、投资，包括非洲、拉美、东南亚，这一块有更大的发展。还有我们在全球维护以规则为基础的多边贸易体系和区域发展这一块，会加快速度。无论是中韩自贸区，还是我们更多的双边自贸区的协定谈判，都会呈现更好的开始。最后一点，我认为今年我们会继续扩大对外开放，特别是我们的进口博览会，将成为全球瞩目的、全球盼望和期望的一次盛会。参展的国家、机构的数量，以及国家责任都会超过前两届。而且在这个时候，中国会把进口博览会办成全球所希望的、所信赖的一次盛会。我把它比作一个灯塔，希望提升全球的信心，那么 2021 年疫情过后，全球会更加依赖中国，而全球不会再依赖美国，中国对全球的依赖性也会减轻，但是中国会起到更大的出口国的担当作用。

主题十九 中国经济走势观察

徐洪才

对中国经济在 2020 年年底及 2021 年及未来一段时间的走势，我有 10 点观察。或者说，是从 10 个维度来观察疫情之下的中国经济走势与政策。

第一个观察，就是当前的经济出现了"V形"反弹。一季度负增长 6.8%，这是空前的；二季度明显的 V 形反弹正增长 3.2%，三季度增长 4% 以上，四季度增长 5% 以上，全年平均下来经济增长在 2% 左右。前一阵子我一直预期是在 1% 到 3%，实际上联合国国际货币基金组织等主要的国际组织的预测都在 1% 左右。近期已经有国际机构预测到 2% 了，而我预测在 1.5% 到 2.5% 之间。明年一季度这个情况就会出现一个明显的反弹，因为今年一季度的基数太低，所以我预计明年一季度中国的 GDP 实际增速在 10% 左右，而二季度很快就会恢复正常，达到 7% 左右。到了三季度、四季度就是常态化了，在 5% 多一点儿。所以今年以后，恐怕经济增长再也回不到 6% 以上了。在 5% 左右稳定几年，到了 2025 年，也可能就回落到 5% 以下了，这是总体的一个经济增长趋势。当然相比于世界经济，我们还是一枝独秀了。今年世界经济，发达国家的负增长在 5% 左右。像美国负增长 8%，欧洲负增长 10%，连日本都负增长 6%。

第二个观察,就是物价小幅反弹。明年可能有通胀的压力,从近期的走势来看,我们已经连续 3 个月的 CPI 是往上走了,从 2.4%—2.5% 到 2.7%,我预计四季度可能会增长到 3% 或以上,今年政策目标是 3.5% 左右。而且反映工业生产情况的 PPI,也从负增长 3.7% 这个历史低点,逐渐向零靠拢,说明工业生产的需求在逐渐地恢复常态化,但是还没有恢复到疫情前的正常水平。明年可能会有压力,这也是基于我们一季度以来边际宽松的货币政策,实际上有一个滞后期。政策的滞后期一般是 9 个月以上,因此明年一季度以后,通胀压力会逐渐抬头,但是我相信,随着政策的灵活性的调整,明年是在可控的范围之内。

第三个观察,就业总体上稳定,但是有结构性问题,尤其是年轻人的失业率是明显上升的。那么从 7 月份的实际情况来看,年轻人的调查失业率上升了。20—24 岁的这一批年轻人失业率,跟去年同期相比高了 3.3 个百分点。而且 1—7 月份,新增的城镇就业岗位,累计同比跟去年比回落了 22.6%,所以现在就业的情况还是不容乐观。我觉得一个重要原因,就是受疫情的冲击,我们很多中小微企业,现在的生存状况还没有明显的好转,因此对就业有比较大的影响。

第四个观察,就是国际收支保持了基本平衡,而且从短期看,人民币兑美元汇率出现了升值。但是放眼未来,我认为人民币不会持续地升值。有人说已经进入升值周期,我是不同意的。因为从二季度的经济表现来看,中国的经济明显恢复正常化,但是美国的经济跟我们是周期性的错位,所以美国二季度的经济表现非常差,近期申请失业救济的人数还是在非常高的水平。二季度的话,美国的经济负增长是8%以上，这是同比数据，如果是环比的话，那它的负增长就更高了，所以是出现了明显的反差。再加上因为美联储过度宽松的货币政策，美元是贬值的，大众商品价格是上涨的，包括股市的泡沫，这都与美联储的政策息息相关。人民币相对价格是升值的，但是未来我不认为人民币有持续升值的要求，会在一个相对均衡的水平上保持双向波动，幅度不会太大。第五个观察，就是需求总体上在逐渐恢复常态化，但是还没有恢复到疫情前的正常水平。其中，消费需求偏弱，投资需求恢复得比较快。从消费需求来看，这里面基本生活、民生的需求才是有力的，网上零售的增长一直保持在一个强劲的势头。投资在经济的恢复当中发挥了关键性的作用，其中房地产的开发投资、基建的投资增长比较快，相比之下制造业的投资还有民间投资增长，恢复得比较慢一些。特别是制造业，由于低端制造业产能过剩，所以强劲的恢复增长是很难的。但是高端的制造业，坦率地讲，由于技术不配套，我们原创性的技术不足，创新能力不足，所以光有钱恐怕也不行，也不会实现一个强劲的增长。但是总体来看，高科技领域还有民生领域，还有一些电子商务、数字经济相关的新基建领域的投资，以及抗疫物资领域的投资，保持了较快的增长水平，也出现一些结构性的变化。另外就是外贸的需求逆势增长。7月份和8月份，外贸的顺差进一步扩大，这是超出大家预期的，我觉得其中贸易结构也出现了明显的改善。这个顺差的扩大和我们出口保持强劲的增长，是因为全球的价值链、供应链受到了冲击。境外不少国家还处在疫情的水深火热之中，我们境内率先恢复了常态化，复工复产，所以我们有条件扩大出口。而尽管我们国内的经济发展需求是上升的，但是由于供应链配套能力不足，所以从境外采购相关的原材料，还有中间品时，其实进口恢复受到的负面影响依然存在。当然这里面有一些结构性的优化，比如说民营企业的出口现在一直保持比较良好的增长势头，对东盟十国的外贸增长势头也良好，但是跟发达经济体美国、欧洲、日本的贸易呢，收缩得比较厉害，出现了一些结构性的变化。另外，利用外资也是保持连续4个月正增长，对外直接投资保持相对稳定，尤其是近期大家看到境外的疫情现在还没有出现拐点，所以中国经济一枝独秀，成为吸引全球资本的一个避风港，因此大量资金流入也在一定程度上推动了人民币的升值。更重要的是，外资对中国经济保持信心。特别是今年以来，营商环境的改善增强了对外资的吸引力，我们国内持续地推进改革和扩大开放的政策举措，也增强了外商投资企业的信心，稳定了未来的预期。

第六个观察，供给的恢复常态化总体上快于需求的常态化。因为复工复产我们组织得不错，另外产业链的配套能力、基础条件比较好。但是需求不足，特别是消费需求疲弱，因此供过于求也是一个突出的问题。供过于求的好处就是物价上涨受到一定的抑制，因为货币政策出现边际放松，从理论上讲会推动物价上涨，但是由于很多基本的消费品的供给是充足的，所以物价上涨的势头受到了一定的抑制。第一个是农业生产保持基本平稳，粮食生产形势良好，这是难能可贵的。去年冬季冬小麦的生产受疫情影响比较小，但是今年的水稻受洪水灾害有一定的冲击。不过我们虽然单产有所下降，但是种植的面积扩大了，所以总体上说这个水稻也保持一个比较好的水平，是超过大家预期的。但是有些方面，像猪肉、牛羊肉增长产量的下降，特别是猪肉的产量下降，从近期来看，要引起注意，因为这是推动CPI的物价的消费品价格的重要因素，要引起高度关注。

第二个就是工业生产平稳恢复。大家看到规上（规模以上）企业的增加值，已经连续几个月保持正增长。但是最近两个月（6月份、7月份）规上企业、规上工业增加值保持在4.8%的水平，稳下来了。这个4.8%的水平跟去年底相比，下了一个台阶，说明现在企业的开工率还是不足的，产能利用率还是不足的。这也从一个角度反映出来需求还是疲弱的。我觉得有一些需求可能受到疫情的影响永远地丢失了。因为疫情改变了人类的生存方式、活动的方式。在1月份、2月份受疫情冲击最大的时候，大家感觉到交通运输、餐饮业、旅游业，这些必须人到现场活动的经济领域，受影响比较大，因此也催生了数字经济。现在非现场的、线上的经济活动，是风生水起。所以需求也会出现一些结构性的变化，出现此消彼长的势头。但是整体来看工业生产的需求是疲弱的，正增长徘徊不前，在4.8%的水平，没有明显再往上突破，这也说明了疫情之后经济结构出现了明确的变化。但是其中基础原材料产业和高技术制造业的增长保持良好的势头。另外就是服务业的生产加快恢复，尤其是现代服务业的增长势头良好。7月份全国服务业的生产指数同比增长3.5%，比6月份上升了1.2个百分点。1—7月份服务业生产指数同比下降4.7%。但是降幅比1—6月份收窄了1.4个百分点。那么主要行业，像7月份，信息传输、软件、信息技术服务业的生产指数同比增长13.7%，这个和6月份持平，这反映新机械、数字经济领域的相关服务增长势头非常迅猛。

另外，像传统的金融服务业、房地产业的指数也保持比较快的增长，金融业恢复快速增长。其实疫情对金融服务的需求是上升的，因为很多小微企业资金链紧张，需要得到金融机构的资金支持，希望降低融资成本。房地产的投资和房地产的消费活动，是经济恢复的一个晴雨表。我们有一些需求，比如购房的需求，到了疫情之后会逐渐恢复。因为改善性的需求，包括随着我们农村城镇化的稳步推进，还会引领很多新的住房的需求。

第七个方面的观察就是货币金融环境边际宽松，但利率水平总体趋于下降，这跟边际宽松的货币政策是一致的。金融市场基本稳定，但潜在风险有所上升。具体来讲，广义货币供应量在7月末同比增长10.7%，明显快于去年；跟6月份、5月份相比，已经回落了0.4个百分点。狭义货币供应量（M1）仅7%左右的水平，应该说是相对合理的。2016年，M1的增长速度高达25%。到了2018年年底，已经接近于零增长了，所以2018年整个流动性的危机，其实跟整个货币政策跟结构性加杠杆也是相适应的。但是从2019年以来，特别是今年以来大家看到，M1的增长速度保持相对稳定，在7%左右。另外社会融资规模\人民币信贷资金的投放，都保持一个稳定增长的态势，都在12%左右。

在货币市场，短期央行7月份有一些资金净回笼，8月份我觉得保持一个适度的水平。从短期看，同业拆借利率和7天回购利率现在还是保持一个合理的水平，都在2%左右。短期是有点儿反弹的，因为五六月份下降的幅度比较大，所以7月份以来做了一点儿微调，现在趋于相对稳定。债券市场今年以来出现了规模迅猛的扩张，这个是与积极的财政政策相适应的。现在全国债券市场的托管市值总量已经达到100万亿元了，特别是边际增长的势头总体上是比较迅猛的，今年以来已经增加了26万亿元的规模，包括企业债、公司债，特别是国债还有地方专项债，等等。那么短期利率、10年期利率和30年期的长期国债收益率，总体趋势是趋于下降的，但是从短期看有点儿止跌反弹。但是这个我觉得是恢复常态化，我们要把控货币政策宽松的力度和节奏，我觉得属于一种微调的范畴，这也说明我们在全球货币大宽松、低利率的环境的背景下，我们市场利率水平总体上还是比较高的，也说明未来的政策还有进一步调整宽松的空间。

股票市场是波澜不惊了，当然近期来看有点儿振荡上行，去年以来结构性的行情大家看到，创业板指数涨得非常多，特别是近期创业板注册制的改革，放开涨跌停板的幅度。我觉得有一些创业板的股票出现了明显的泡沫，出现了过度炒作的情况，这种风险要引起关注。外汇市场总体来看，今年以来1—5月份都是一路贬值的，但是六七月份以来有升值的苗头。前面已经分析了，主要是因为中国经济的基本面，比美国明显要好很多。但是未来这种持续的升值，是没有基础的。我觉得升值过度给我们出口，对国内经济也是有伤害的。我觉得升值的波动幅度，还有这个趋势，未来肯定是双向振荡、双向波动为主，呈现这样的特点。房地产市场快速地复苏，累计下来已经出现了正增长。把1—2月份这个深坑已经填平了，已经出现了正增加。1—7月份是3.4%的正增长，这个是难能可贵的。整个房地产市场需要开发投资和销售，都保持产销两旺的势头。但是也有一些结构性的问题，现在是担心明年上半年，不要出现房地产的价格的快速上涨。因为明年上半年有通胀的压力，我觉得要坚定房住不炒的战略定位，要防控它强劲反弹，这是房地产市场的一个特点。因为我们当期消费三分之一以上是花在住房上面，老百姓口袋的财产呢，百分之六七十是以住房的形式表现出来的。住房房地产市场的健康发展，跟老百姓的生活、跟消费、跟经济的增长都是息息相关的。

第八个观察，外部环境异常复杂严峻，特别是中美关系跌入了历史的低点，未来充满了巨大的不确定性。今年全年世界经济肯定是负增长5%左右，全球贸易收缩10%以上，跨境直接投资就是FDI，也是收缩40%左右，在这样一种情况下，其实国际货币基金组织等一些主要的机构已经给出了结论，就是说疫情冲击导致全球经济陷入深度的衰退。这个深度的衰退有多深，时间有多长现在还说不清楚。有一种说法就是这一次疫情的冲击相当于2008年的金融危机，加上1930年的大萧条，再加上1918年的西班牙大流感。把这三件事加在一起可能相当于今年发生的这个全球性的新冠疫情大流行，导致的全球经济社会的负面的影响。

第九个观察，财政政策收支不平衡的问题现在逐渐地突出。特别是现在各地的财政都是入不敷出，除了上海以外，其他的地方都是入不敷出。当然特殊情况我们有特殊的政策，今年的话我估计包括特种国债、抗疫国债，还有专项债、地方政府专项债，林林总总要加在一起，累积起来我们的财政赤字可能达到6.1%。但是相比美国、欧洲、日本，我们还是小巫见大巫，它们财政赤字率都在10%以上。所以全球性公共杠杆率的快速上升，也是一种潜在风险。相比之下中国风险是可控的，但这方面也要引起高度关注。

第十个观察，改革开放要加快推进。特别是今年以来，改善营商环境，还有像落实外商投资法，我们都营造出了一个高水平的营商环境。在市场准入、改善政府服务方面我们下了很大的力气，特别是利用数字化的平台提高政府服务于小微企业和经济活动的效力方面，我们是不遗余力的。这方面是取得很大成效，但是还要扩大开放方向，特别是金融服务业的扩大开放是要快马加鞭的。要打提前量，在今年底要提前一年完成。金融机构，银行证券保险，都是要允许外资控股的。但是对未来我们还是寄予很大期待。就是说改革难啃的骨头还在后面，在一些关键性的领域的改革，大家还期待取得重大突破。比如国有企业的改革，比如说土地制度的改革，怎么样建立一种城市和乡村之间生产要素的流动机制。我觉得这也是畅通内循环的一个重要的方面。近期提出"双循环"的战略，实际上是以内循环为主。那么内循环其中一个很重要的方面，我觉得就是城市和乡村之间的循环，一线城市跟四线城市，跟县级基层、跟县域经济之间的畅通。另外区域经济一体化的发展，要打破行政风格。像粤港澳大湾区、长江经济带、"一带一路"，还有京津冀协同发展，等等，这些都需要打破一亩三分地，要自由流动。把这种区域创新一体化的发展，和"双循环"、和自由贸易实试验区的扩大开放，要有机结合起来。实际上这里就是体现了我们政策的相对稳定性和连续性。同时也是应对外部不确定性的情况下，我们中国要保持经济和产业的安全性。我们要苦练内功，同时要提升产业的竞争力。在全球产业链价值链的分工里面，要提高自身的位置，提高层次，这个是至关重要的。所以未来几年扩大开放、深化改革还会持续地推进，这也是我们未来经济高质量发展的一个重要的动力源泉。通过释放制度的红利，推动经济的可持续发展。以上 10 个方面算我对当前及今后一段时期的粗浅的观察。

20
主题二十

国际合作与
地方经济振兴

International Cooperation and
Regional Economic Development

魏建国

关于地方振兴，我觉得第一个是要掌握"双循环"的核心。这个核心就是推动形成以国内大循环为主体，国际国内"双循环"相互促进的新发展格局。这个里面非常重要的一点就是，要充分发挥我们国内超大市场的优势。记住，是超大市场的优势。有人提出来，如果各省市要闭门、各自为政，那就不是现在我们所提倡的"国内超大市场优势"，就更没法发挥这个优势了。大家记得，我们改革开放以来，最主要的就是打通了我们国内碎片化的、分隔的市场，经过40年的改革开放，我们国内已经形成了一个很大的市场，这个市场现在已经超过了美国，未来还会继续引领全球的消费市场。这种超大市场的优势，是我们打造国内大循环为主体的，最主要的基础和关键。所以在这个时候，我们各省、市千万不要把它理解成自己的省、市也搞起自己的循环。恰恰相反的是，我们在中央的领导下，以国内超大市场优势为主循环的主体，我们把各省市加进去，这样才能发挥我们国内的超大市场优势。

第二个很重要的就是说，我们现在改革开放，国外是看我们中国的一个整体，我们对外无论是出口、进口、消费，以及我们对外投资、引进外资都是看整个中国一个主体，这个主体就是14亿人口的大市场，供给侧为主要结构的我们下一步的高质量经济发展。所以在打造"双循环"的时候，一定要注意这一点。同时我们要注意到以下三点：一是发挥各城市的优势，主动地根据国内的超大市场这种优势，看一看省市里面有哪些可以发挥的，把地方的特色跟优势加入我们国内超大市场优势中，形成我们超大市场的新的能量。这个我觉得是我们的一个正能量，一个大的增量。因为我们在以国内大循环为主体的时候，各省市是主力军，是我们核心的力量。二是我们要看到，我们有哪些不足的地方。各省市在打造以形成国内大循环为主体的过程中，发挥国内超大市场优势的过程中，特别是在我们国内、国际"双循环"相互促进的新发展格局下，要善于捕捉短板。三是我们在打造国内大循环为主体的时候，不是闭门造车、不是封闭的，不是关起门来自己搞，而是更加开放、更加主动地对外开放。所以在这个方面各省市应该看到，在这个"双循环"中，我们是越来越开放的、包容的，在这种情况下，我们要把全球生产的要素，跟本省生产要素配置起来。同时对国内的超大市场有哪些帮助，要做一一的分析。那种笼统地认为各省市自己搞封闭的，是一种错误的观点。所以在这个时候我觉得我们大家应该明确，我们一定要全力做好我们国内的超大市场优势，把这个优势做大、做强，把这样的潜力、正能量更好地发挥出来。

我们发达地区和中西部地区都是要围绕坚持供给侧的改革，这个是战略方向，扩大内需作为战略基点这是我们共同的任务，只不过各地区侧重点不同，因为各地区的发展不一样。比如我举个例子，我经常在广东、江苏、上海，还有浙江这块调研的时候就发现，他们的早点就做得很精致，有时候一个早点差不多一个人要吃一刻钟到20分钟，吃的东西很多，包括小笼包子，包括蒸饺，包括各式各样的精美的点心，但是又不贵。但是为什么大家愿意吃，愿意消费，那么说明餐饮业也在供给侧改革，餐饮这块服务上去了，你提供的东西适合大家需要。但是我们有些地区仍然没有把这个问题当作一个重点,有些地方还是老三样,大家一边吃一边走。那么我们可以考虑到其他的服务质量,包括我们街道社区的服务,包括我们零售网点的服务、品牌的服务、医疗卫生健康养老看病的服务,这些都要提到我们要达到内需这个范畴,大家一样的,而不是说你边远地区只是侧重于内需。当然我觉得可能在整个来说,各地还有各地的实际情况,一定要结合各自的实际,因为我们国家很大,我们区域不同,各个地方的经验环境条件不一样。但是我们这个供给侧改革的战略方向、扩大内需的战略基点是一致的,所以把握这个之后再结合本地的条件、本地的情况,推出下一步的结合实际的接地气的一些做法,我想这个才是我们各地发展的目标。

新疆有很多产业优势,比如说西红柿酱和西红柿很好,比如说棉花,比如说新疆的畜牧业,更重要的新疆还有一些矿产资源,但它仅仅是一些天然的资源优势,还没有市场优势。所以在这种情况下,如果单就新疆一个省来讲,它想加入全球的这种环境里面可能比较难,所以只有在发挥国内超大市场优势,在形成国内大循环为主体的过程中,把新疆的一些主要的资源优势变成市场优势,而商品优势变成我们的整个的出口优势。比如说煤,怎么把煤做好,是运出来,还是把它变成电再输进来,可能还有更多一些用途。再比如说我们的棉花,怎么把更好的高织纱的棉做的衬衣提高它的质量;还有我们的西红柿,能不能跟意大利、西班牙这些欧洲国家,更好地合作加强我们的西红柿销量。大家都知道新疆的农产品,我们的哈密瓜,哈密瓜怎么能够保鲜,怎么能够做到大小均匀,怎么能够不仅在国内市场卖出好价,在国际市场,特别是日本也卖出好价格?还有我们的鸭梨,库尔勒香梨也是非常好的,但是我们仍然存在保鲜问题,我们仍然存在着供货渠道稳定的问题,还有我们整体的个头大小、酸甜度如何适应这个消费市场的问题。不仅仅是这些，还有核桃、红枣、石榴，以及新疆的旅游资源，这些都要在国内国际大循环下，得到更大的发展。我觉得新疆会在以后发挥更大的作用。

另外我觉得广西近几年发展还是很快的，它最近提出的几个大思路都是对的，只不过因为现在还没有见到比较显著的成效，但是我相信，只要我们功夫下得深，广西就可以有进一步发展。比如说广西在对外开放这一块，它有利条件很多，包括我们整个北部湾地区，包括我们的航运、海运，包括我们在粤港澳大湾区中的一些作用，包括我们"一带一路"广西这块的作用，包括像工业园，包括广西的下一步的整体的发展，还有我们的边贸，这些都可以加大力度。只要我们紧紧咬住"一带一路"，紧紧咬住以打造国内循环为主体，国际国内双循环的相互促进的新发展格局，广西在这个里面将会发挥非常大的作用，所以我觉得它的地缘优势，都可以发挥成市场优势，所有资源优势都可以发挥成产品优势。

徐洪才

在国际合作中"一带一路"是个大问题，我们搞"一带一路"已经搞了7个年头了，现在又遭遇全球性的疫情大流行，这是一个新的干扰变量。所以未来"一带一路"的合作还是要稳中求进，总结过去的经验和教训，分析当前和未来的发展的趋势、面临的困难和挑战。像西亚、北非地区合作的潜力是很大的，但是这些国家和地区的营商环境、法制化水平、产业的基础都还是比较薄弱的，因此商业的风险也是比较大的。

我们讲走出去，一定要做足功课，要研究透目标市场的潜在风险，要实施本土化的战略。俗话说外来的和尚好念经嘛，其实从走出去的情况看，是外来的和尚肯定是念不好本地的经，所以一定要充分利用当地的各种资源，熟悉当地的社会需求、产业结构、政策法律法规和文化习俗。我觉得未来合作有很大的发展潜力，但是也要量力而行，把防控风险放在突出位置。

在国际合作中"南南合作"也是一个大策略，推动南南合作的这个前提是咱们中国还是一个发展中国家。当然现在美国不认账，觉得中国已经很牛了，而且美国、欧洲、日本都不承认中国是市场经济。不认账拉倒，但是我们还是要坚定不移地推动改革开放，应该清楚地认识到自身体制机制上存在的弊端。

在很多制度层面、规则层面，我们跟国际对接还有相当大的差距，这是我们努力的方向。所以自由贸易试验区扩大开放也是全方位的，其中一个重要的就是"一带一路"，在"一带一路"沿线国家里面，多数属于南南合作的范畴。

那么南南合作从传统的内涵来看，要解决一个脱贫的问题。这是联合国提出的 2000 年到 2015 年完成脱贫，中国做得比较好。然后从 2016 年到 2030 年，就是 2030 年可持续发展议程，是 G20 在主导推动的，世界各国都义不容辞。那么这里面涉及了南南合作。大家看到在这次抗疫合作的过程当中，中国体现了大国的风范。比如说我们帮助非洲建立疾控中心，要大量地投资，另外对欠发达国家的债务我们允许它延期偿还本金和利息，都做了很大牺牲了。

当然更多地我觉得，按照我们"双循环"的战略方针，我们"一带一路"的合作，指导原则是共商共建共享，是平等合作、互利共赢，这个至关重要。比如我们跟非洲之间的合作我们就是坚持三大原则，由非洲提出、非洲同意，还有非洲主打，你是主场我是客场。如果对方没有这个意愿，那我们也没有必要凭着自己的主观的意愿提出合作，还要从实际出发，务实合作稳步推进。

打铁还需自身硬，我觉得我们还是要苦练内功。在新一轮的国际合作当中，一方面我们要传递这种平等合作，互利共赢，共商、共建、共享的这种精神，另一方面我们也得利用两个市场、两种资源，推动自身经济的高质量发展。我们未来的发展空间很大，那么对外扩大开放，这些欠发达地区也可以分享中国发展的红利，实际上是互利共赢的。当然这也是基于政策的对接。所以我们叫促进五通，这里面共商共建共享，这些基本的原则还是要坚持，稳中求进。另外，也要量力而行，要根据自身的实际情况，承担与中国自身能力相一致的国际责任。

东北的振兴问题是个老问题，坦率地讲，在改革开放以前，计划经济时代，东北产业的基础是比较厚的。改革开放以来落伍了，这里面我觉得一个重要的原因就是体制机制比较僵化，思想比较保守。现在东北三省也主动地与东南沿海地区的政府进行对接。有观念的对接、项目的对接、政策的对接，形成一种协同发展，我觉得这是一个很好的思路。更重要的就是要深入地研究自身的资源禀赋，找到我们体制机制存在的突出问题，以问题为导向。解决这些问题，要痛下决心，没有一个良好的营商环境，东北的振兴是不可能的，以前讲"投资不过山海关"，什么原因呢？就是说整个的营商环境、商业文化还差一点儿。就是说打交道的时候，做生意感觉很难，所以很多优秀人才，本来在东北、在故乡发展事业的，但是发展不了，所以孔雀东南飞，跑到深圳、跑到海南后成功了。

这些坦率地讲，我觉得是与东北当地的营商环境是有关系的。从文化层面、从社会舆论政策导向，特别是政府的行为方式，我觉得东北都应该向东南沿海地区看齐，这个至关重要。要自觉地对标国际高标准的营商环境，进一步解放思想，突破体制和机制的障碍，我觉得这个释放的红利，前景是很广阔的。

现在东北地区有重工业、能源化工领域、智能制造、旅游业，甚至金融服务行业。本身也有合作的地缘优势，国内和内蒙古，国际包括和日、韩、俄罗斯，还有跟蒙古国的合作。这一块我觉得也叫广义的"一带一路"，潜力是很大的。现在也是数字经济了，通过跨境电商，直接地对接国际市场的供求信息。谁能抓住现在发展的商机，谁就能够在新一轮的竞争当中脱颖而出。我希望东北能够真正地振兴起来。

21
主题二十一

讨论:从国际经济到国内消费

Discussions: From Global Economy to Domestic Consumption

滕泰

国内消费受到很多因素的影响，首先是疫情，疫情是造成消费下降的主要原因。但是疫情受控了，社会秩序恢复了，消费为什么还不恢复？这是值得我们深思的。同时，美国的疫情还没有控制住，每天新增加病例几万人，但美国的消费6月份就正增长了，8月份又创新高，这个是怎么回事？疫情改变了很多东西，企业利润大幅下滑，中小企业、个体工商户受损失，人们收入的减少，对未来的不安全感增加，所以边际消费倾向降低了。如果没有一个外部变量来打破，它很难靠自身的力量回到之前那种增长。那么，这个外部变量到底是什么？能不能有呢？短期能影响消费的主要就是利率和收入，收入除了工资收入，还有财产性收入。不论从哪里着手，都应该在稳消费上多花点儿资源和功夫了。

我觉得目前应该降息，但有人问我怎么看待穷人更在乎利息的这个观点。我认为大家都在乎利息收入，但是如果全社会平均利润率都在下降，利息从哪里来呢？降息是个宏观决策问题，既刺激消费，又刺激投资。1—6月份，居民储蓄存款增加了9万亿元人民币，因为大家对未来感觉到不安全，花钱的地方太多，收入在降低，所以边际消费倾向在降低。在这样的背景下，不降息就是鼓励储蓄，那么消费起不来；消费起不来，经济循环不起来，"内循环"不行，就业不行收入也必然受影响，经济就会陷入恶性循环。所以疫情冲击下各国都大幅降低了利率。

前一阵子一个演讲当中提到了说美国制造业占比虽然只有11%，但是如果加上生产性服务业，对美国经济总量的占比就超过60%了，美国仍然是一个制造业的大国，有人问我怎么看待这个观点。这个观点有一定道理。与工业化过程中农业生产环节的产值在GDP中占比下降相似，随着技术的进步和社会分工日益细化，生产制造环节产值在经济中占比下降与制造业的重要性并不矛盾。正如该演讲中所述，在美国占经济总量81%的服务业中，生产性服务业的比重最近几年已经提高到48%左右，因而美国的制造业占比实际达到60%左右。所以，一方面单纯生产环节体现的制造业产值占比下降，另一方面与生产环节相关的服务业产值却迅猛增长。从这个角度看，美国的确从来没有放弃制造业，虽然美国制造业在GDP占比仅为11%，但美国仍然是制造业强国。同样，虽然德国、日本制造业在GDP占比仅为20%左右，但这些国家的制造业核心竞争力其实都很强大。

不过，"生产性服务业"这个概念也很值得讨论一下，比如，美国的苹果公司，是不是为中国的手机组装车间服务的？微软公司，是不是为那些使用windows的制造业工厂服务的？耐克公司没有工厂只有研发、设计、品牌、渠道和管理，那耐克也是为它在中国、印度尼西亚、墨西哥的加工厂服务的？还有特斯拉总部是为上海的制造厂服务的吗？到底谁是价值创造的主体？谁为谁服务？

答案是：苹果公司的研发、设计、品牌创造了价值（客户消费的主要也是这些价值），大量制造业都想为苹果公司服务；耐克的研发、设计、品牌、渠道创造了价值，大批制造企业都想为它代工服务——那些用研发、设计、品牌、渠道、管理创造价值的现代服务业，不是为制造业服务的；恰恰相反，制造业为它们服务，在苹果、耐克等完成了价值创造的 80% 以上之后，制造业只是完成剩下的 20% 的硬件价值来提供一个载体。

我们强调制造业的重要性没有错，但是制造业的重要性既不体现在制造业占 GDP 的比重上，也不体现在所谓"生产性服务业"的规模上，而是体现在那些能够独立创造研发、设计、品牌、流量、体验等"软价值"的现代服务业的规模上——这些现代服务业所引领的技术越发达、社会分工越细、产值越大，单纯制造环节的产值在 GDP 中的占比有可能就会越来越低。

制造业占比降低，但制造业增加值的增长速度并不低，只是服务业的规模超过了制造业的规模。历史上，在工业化过程中，工业的发展虽然压低了农业的占比，但并没有损害农业的增长，而且工业技术还推动了农业的产出增长。在现代服务业的发展过程中，无论是知识产业、信息产业、文化娱乐产业、新零售、新金融等行业的快速成长，还是互联网、人工智能、大数据、云计算等服务业的技术进步，虽然压低了制造业的占比，但并不曾损害过制造业的增长，而且这些现代服务业的发展还推动了制造业产值的提高。

对于预测中国股市的问题，我觉得跟算卦差不多，但是如果算卦的话，只算一个 3400 点的话，那目标也太小了，中国的股市这 10 年都没怎么涨，要涨的话肯定会超过 3400 点。股市必须得更好地反映经济增长的情况，在疫情的冲击下，中国经济率先复产复工，可能是全球唯——一个正增长的大国经济。虽然有很多不平衡性，总体来看，是一个非常不错的恢复的趋势。一季度是负 6.8% 大家知道，二季度是正 3.2%，那么三季度总量有可能到 5% 以上，四季度更快，有可能搞到 7% 以上。2021 年一季度跟 2020 年一季度比的话，同比增长可能到 12% 以上。从货币供应来看的话，M2（广义货币供应量）的增速这些年一直是偏紧的，现在到了 10% 以上，所以货币供应相对宽松的这个程度，我觉得也能保持到 2021 年一季度。

所以，虽然点位不好预测，总体还是要乐观一点儿。

魏建国

我个人认为应该说我们改革开放,对我们中国来讲起到一个很大的促进作用,最大的促进作用就是中国加入 WTO 以后成了世界的工厂。这就是说我们把 1.8 亿农民工,作为我们加工贸易的基本队伍形成一个具有熟练的技术,并且高素质的这种加工贸易的队伍,这种加工贸易在我们国家整个对外贸易中曾经占了半壁江山。但是我们也看到,加工贸易的弱项就是我们整个加工贸易带来了资源的消耗、环境的污染,以及廉价劳动力。所以我们必须要使加工贸易升级,在下端我们逐渐升级到上端,但这需要过程,现在加工贸易在我们对外贸易中已经从 50% 慢慢下降到 23%,而一般贸易在 2020 年这个贸易中表现突出,特别是沿海省份的,比如说浙江做得最好,广东、江苏、福建、山东,也都跟上了,那就是说我们以自己的品牌、自己的设计、自己生产的原料自主打入国际市场,这叫一般贸易。这种一般贸易已经成为我们国家自己发展,以国内这种大市场为主体的优势,我们用国内配套的优势来达到。现在它的比例已经逐渐上升到 70%,那么加上我们的现在的跨境电商,就形成中国整体的对外出口的货物贸易中的三大主力,而且这三大主力都在不断地转型升级,都在不断地加强结构调整,所以中国这块会越来越强。但是必须看到,在发展加工贸易过程中,在整体和全球衔接过程中,确实是有一部分比较低效的,低产能的,但是我们要把它提高。在经济新格局中,对这些东西我想我们应该就要心中有数,做到一一排队,分级指导,一条一策,帮助他们解决自主创新,帮助他们解决我们整体的发展过程中遇到的一些技术问题、创新问题、资金问题、市场问题,以及一些与国家能够共渡难关的优惠政策问题,这些我觉得应该提到议事日程上来,而不是单纯地把他们给扫地出门了,这个不行。让他们通过整体转型,这是一个外来的压力,也是我们通过这个外来压力,把我们原来的旧有的传统产业进行改造的过程,也是看到我们下一步朝新的数字经济、朝新的新材料新工艺、5G发展、云计算、智能制造、生物化学、生命制药这些方面发展。但是这一块我们不能丢掉,这一块还希望它在最短的时间内进行转型升级,进行一些结构改造,跟上我们时代的步伐。

在疫情过后,可能会有一股逆全球化趋势,但是我觉得经过大家的思考辩论以后,最终全球会对实现全球化有一个认识,我也对中美今后双方通过合作,进一步加强双边的经贸关系持乐观态度。今后我们国家在未来这个世界的作用,我想中国应该会在整体全球的经济环境中,起一个引领的、标准的、被人所依赖信任的作用。当下通过疫情,加速了大家对中国的信任,加速了对中国所起的经济作用的认可,也加速了实现"一带一路",实现人类命运共同体。